Claudius Heidemann

Wir sollten auch anders können: Leben ohne Erwerbsarbeit

Schriftenreihe der Evangelischen Fachhochschule Freiburg

herausgegeben von

Sabine Allwinn, Paul-Gerhard Klumbies,
Wilhelm Schwendemann, Joachim Walter

Band 5

LIT

Claudius Heidemann

Wir sollten auch anders können:
Leben ohne Erwerbsarbeit

LIT

Gefördert und ausgezeichnet vom Freundeskreis
der Evangelischen Fachhochschule Freiburg.

Umschlagbild: Eigene Fotos und Bearbeitung

Die Deutsche Bibliothek – CIP-Einheitsaufnahme

Heidemann, Claudius
Wir sollten auch anders können: Leben ohne Erwerbsarbeit / Claudius
Heidemann. – Münster : LIT, 1998
(Schriftenreihe der Evangelischen Fachhochschule Freiburg ; 5.)
ISBN 3-8258-4105-7

NE: GT

© LIT VERLAG
Grevener Str. 179   48159 Münster   Tel. 0251–23 50 91   Fax 0251–23 19 72

Ich möchte meinen Freundinnen und Freunden danken, die mich moralisch, mit Einfällen, Tapes und mit Essen und Trinken bei der Erstellung dieses Buches unterstützt haben. Außerdem denjenigen, die mir bei der Sinnsuche, durch Diskutieren, mit Korrigieren, Einscannen und Ausdrucken geholfen haben. Besonders danken möchte ich Erika Ruf, Stefan Laska, Gaby Sauter, Tobias Löser, Christoph Block, Lutz und Bettina Heidemann, Heike Golbs, Antje Trzeziak, Chrischa Wilker, Herrn Haitzinger und meinen Mitbewohnerinnen, die mein Schweigen, das Papierchaos und meine Abwesenheiten aushalten mußten, sowie nicht zuletzt mir selber, der mich während des Schreibens geduldig ertragen hat.

In dieser Arbeit ist hauptsächlich nur die männliche Form verwendet worden. Ich hatte das Gefühl, daß bei einer konsequenten Verwendung beider Formen der Text viel an Lesbarkeit verlieren würde. Außerdem ist dämlich (statt herrlich) nach wie vor allgemeiner Sprachgebrauch.

Inhaltsverzeichnis

Vorwort zum Buch

Dieses Buch beruht auf meiner Diplomarbeit zum Thema „Arbeit – Erwerbslosigkeit - Sozialarbeit: Organisierung von sinnvollem Leben ohne Erwerbsarbeit", die ich im Dezember 1997 fertiggestellt habe. Die Diplomarbeit ist mit
dem Förderpreis des Freundeskreises der Evangelischen Fachhochschule Freiburg
e. V. ausgezeichnet worden, der unter dem Motto „Sozialstaat im Wandel" stand.
Durch die Unterstützung des Freundeskreises ist mir die Veröffentlichung ermöglicht worden. Ich habe die Arbeit daraufhin nochmals überarbeitet, einige aktuelle
Veröffentlichungen und weiteres Material zum Thema, das mir nach Beendigung
der Diplomarbeit in die Hände geraten ist, eingefügt. Der dritte Teil, der sich mit
praktischen Ansätzen beschäftigt und das gesamte achte Kapitel umfasst, ist
größtenteils neu geschrieben worden, um den aktuellen Stand der Projekte zu
dokumentieren. Dabei möchte ich mich besonders bei Frau Hagemann, Frau
Suhrmann und Herrn Klehm bedanken, die mich mit umfangreichem neuen
Material über das ZWAR - Projekt versorgt und sich meinen Fragen geduldig
gestellt haben.

Die Diplomarbeit ist für das Fach Sozialarbeit geschrieben worden. Ich bin nach
Beendigung von allen möglichen Menschen aus verschiedenen Berufen und mit
den unterschiedlichsten Hintergründen auf das Thema „Sinnvolles Leben ohne
Erwerbsarbeit" angesprochen worden. Nach vielen Diskussionen bin ich der
Meinung, daß das Thema längst nicht nur Sozialarbeit etwas angeht und damit
das Buch auch für andere Berufsgruppen und wissenschaftliche Diskurse
interessant sein könnte. Die Beschäftigung mit alternativer Zeitgestaltung von
Erwerbsarbeit, wie im Kapitel 3.4. beschrieben, und eine firmenorientierte
Umsetzung kann für ein innovatives Management von Nutzen sein, da sich so
gleichzeitig Produktivität, Kreativität und Arbeitszufriedenheit steigern lassen.
Die Zunahme der Arbeitslosigkeit hat zu einem Verdrängungsprozeß von Frauen
aus dem Arbeitsmarkt und einem Wiedererstarken traditioneller Rollenmuster
geführt. Weiterbildung nicht nur als Qualifikation für den Arbeitsmarkt zu sehen,
sondern als Sinnsuche einer Erwachsenenbildung dort, wo Erwerbsarbeit als
sinngebendes Element nicht mehr vorhanden ist, könnte ein wichtiges Element
einer Pädagogik der Zukunft sein. Erwerbarbeit ist ein wesentliches, wenn nicht
das wesentlichste Bindeglied in der derzeitigen westlichen Gesellschaft, so daß
das Thema Erwerbsarbeitslosigkeit alle möglichen Bereiche und Zusammenhänge
berührt.

Massenhafte Erwerbsarbeitslosigkeit kann aber auch durch die sich verändernden
Zeitstrukturen von Betroffenen Möglichkeiten einer anderen Lebensgestaltung
bieten und unter Umständen sogar eine Kreativität freisetzen helfen, die in einer
Arbeitswelt nicht möglich ist. Ausgehend davon würde es mich am meisten

freuen, wenn meine zentrale These, das es keine Theorie und wenig praktische Versuche zum Thema „Leben ohne Erwerbsarbeit" gibt, widerlegt werden könnte. Für die Zusendung von entsprechender Literatur, Projektbeschreibungen oder Anregungungen wäre ich dankbar.

Ich will mit diesem Buch den Versuch unternehmen, mich dem Thema „Leben ohne Erwerbsarbeit" emanzipativ zu nähern, da es Realität für eine immer größer werdende Minderheit in der Gesellschaft ist und zeitweise auch für mich selber war/wird. Bis jetzt ist eine sinnvolle Lebensgestaltung ohne Erwerbsarbeit von Seiten der Sozialarbeit, Politik, Sozialwissenschaften und Wirtschaft fast ausschließlich als individuelles Problem gesehen und damit in seiner Tragweite negiert worden. In diesem Sinne:

Wir sollten auch anders können.

Claudius Heidemann
c/o
EFH
Buggingerstr. 38
79114 Freiburg i. Br.

1. Einleitung

Eine Meldung am 24. November 1997 in den bundesdeutschen Tageszeitungen: Fünf Millionen Arbeitslose in diesem Winter halten die Wirtschaftsexperten der Bundesrepublik und der EU für durchaus möglich. Einen Tag später eine andere: 2,7 Millionen Menschen in der Bundesrepublik erhalten Sozialhilfe, soviel wie nie zuvor, obwohl eine halbe Million Asylbewerber aus dieser Statistik gestrichen wurden. Dabei sind vor allem Menschen in den neuen Ländern und Migranten als Gruppen betroffen. Trotz des Anstieges um 5,1% sind die Kosten für Sozialhilfe um zwei Milliarden auf 50 Milliarden gesunken. Dies wird vom Bundesgesundheitsminister als Erfolg bezeichnet[1]. Zwei Meldungen, die, so der Eindruck aus den Tageszeitungen, nichts miteinander zu tun haben. Es wird kein Zusammenhang zwischen gestiegener Arbeitslosigkeit und gestiegenem Sozialhilfebezug hergestellt und es wird auch nicht deutlich, was es für die Betroffenen heißt, wenn trotz einer höheren Zahl von Sozialhilfeempfängern die Kosten für diese geringer geworden sind. Arbeitslosigkeit ist zur Zeit das beherrschende Dauerthema in den Medien und der politischen Diskussion. Die Massenarbeitslosigkeit hat weitreichende Auswirkungen gesellschaftlicher und individueller Art. Sozialarbeit als Profession sollte bereit sein, sowohl theoretisch als auch praktisch handelnd auf diese einzugehen.

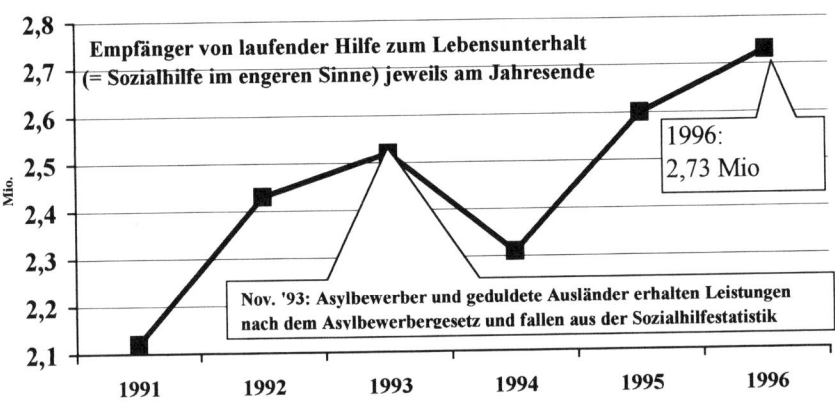

<hr />

[1] vgl. die Tageszeitung (taz) vom 24.11.1997: „Fünf Millionen Arbeitslose sind für Rexrodt kein Tabu mehr" und Badische Zeitung (BZ) vom 25.11.1997: „2,7 Millionen erhalten Sozialhilfe". Der Trend zu steigender Zahl von Sozialhilfeempfängern bei gleichzeitig sinkenden Kosten hat sich auch 1998 fortgesetzt. Fast drei Millionen Menschen (7% mehr als 1996) erhielten 1997 Sozialhilfe (44,4 Milliarden Mark, 5,4% weniger Kosten als 1996), besonders betroffen Frauen und Kinder. Laut Ludwig Fuchs vom Deutschen Städtetag in Köln werden die Kosten für Sozialhilfe wegen der steigenden Zahl der Langzeitarbeitslosen, die aus den Bundeszahlungen herausfallen, auf Dauer wieder ansteigen und damit der Druck auf den einzelnen noch mehr ansteigen (vgl. BZ vom 20.8.1998: „Mehr Menschen brauchen Stütze").

Ausgangspunkt für diese Arbeit war die Überlegung, daß für eine ganze Anzahl von arbeitslosen Menschen, bedingt durch die hohe Arbeitslosenzahl, die Chance, einen Arbeitsplatz zu finden, sehr gering bis nicht vorhanden ist. Der Anteil der sogenannten Langzeitarbeitslosen, also derjenigen, die länger als ein Jahr ohne Erwerbsarbeit sind, ist bis auf einen kurzfristigen, vereinigungsbedingten Rückgang kontinuierlich angestiegen.

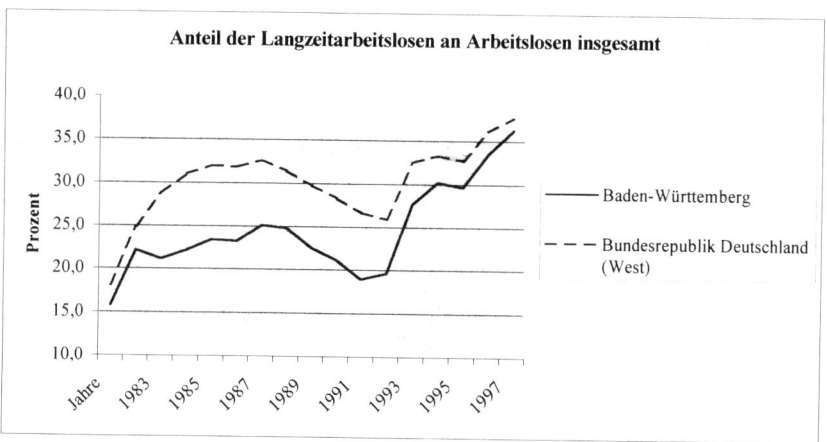

Daraus ergibt sich die Frage, welche Möglichkeiten der Lebensgestaltung diese Menschen haben und weiter, welche Möglichkeiten Sozialarbeit diesen Menschen bietet. Nach einer ersten Recherche stellte sich heraus, daß es zum Thema von sozialarbeiterischer Seite keine theoretischen und praktischen Ansätze gibt, die die Problematik der Lebensgestaltung ohne Erwerbsarbeit nicht als ein rein individuelles Problem der Lebensgestaltung sehen. Aus diesem Grunde erschien es nötig, einige grundsätzliche Überlegungen anzustellen, wieso sich Sozialarbeit mit dem Thema auseinandersetzten sollte und wie eine praktische Umsetzung aussehen könnte.

1.1 Bezug zur Sozialarbeit

Wieso sollte sich Sozialarbeit mit Arbeitslosigkeit und den davon Betroffenen, den Arbeitslosen befassen? Wie die Bezeichnung „Arbeitsloser" sagt, sind Arbeitslose Menschen ohne Arbeit. Wenn ihnen ausreichend bezahlte Arbeit gegeben würde, wären sie ihr Problem los[2]. Menschen Arbeit zu verschaffen, scheint eine Frage von Ökonomie und Politik und nicht primär von Sozialarbeit zu sein.

---

[2] vgl. Wolski-Prenger 1997, S. 16

Sozialarbeit hat sich einem „Code of Ethics"[3] verschrieben. Darin heißt es unter anderem, daß jeder Mensch ein Recht auf Selbstverwirklichung hat und daß jede Gesellschaft - gleich welcher Ordnung - jedem Menschen die bestmöglichen Entwicklungschancen bieten solle. Arbeit[4] hat nach wie vor einen zentralen Stellenwert in einem westlichen Industriestaat wie der Bundesrepublik Deutschland, sowohl für die gesellschaftliche Stellung als auch für die materielle Versorgung eines Menschen. Zunehmend mehr Menschen sind und werden von Erwerbsarbeit ausgeschlossen und damit auch von der Einkommenssicherung durch Lohnarbeit. Keine Lohnarbeit zu haben bedeutet mehr als nur den Verlust eines Arbeitsplatzes. Lohnarbeit ist ein zentrales Element in der bundesrepublikanischen Gesellschaft. Ausbildungssysteme, Zeitsysteme, soziale Sicherungssysteme, Rechtsprechung, soziologische Denkansätze, Kultur und nicht zuletzt Sozialarbeit sind auf Vollzeit-Lohnarbeit als Bezugspunkt ausgerichtet. Von daher läßt sich auch von einem „System Erwerbsarbeit" sprechen. Da die Systeme sozialer Sicherung an das System Erwerbsarbeit gekoppelt sind[5], bedeutet Leben ohne Lohnarbeit unter anderem ein materielles Problem. Arbeitslosigkeit ist der Hauptgrund für individuelle Verarmung. Da Erwerbsarbeit solch eine zentrale Rolle spielt, werden Arbeitslose, die langfristig von dem System Erwerbsarbeit ausgeschlossen werden, zu „Klienten" von Sozialarbeit. Sozialarbeit, die an der Schnittstelle zwischen dem sozioökonomischem

Nahaufnahme der Arbeitslosigkeit

Von je 100 Arbeitslosen waren/hatten...

	im Westen		im Osten
keine Berufsausbildung	48		24
Berufstätigkeit unterbrochen	33		6
gesundheitlich beeinträchtigt	29		10
ein Jahr oder länger arbeitslos	27		24
Ältere (ab 55 J.)	20		5
ohne Berufserfahrung	10		2
Jugendliche (unter 20 J.)	3		3

[3] vgl. Galper 1979: „Internationaler Code of Ethics für Sozialarbeiter" S. 311ff

[4] zur Herkunft und Begrifflichkeit von „Arbeit" vgl. Keuch 1996, S. 9 ff

[5] Sozialhilfe ist von der Definition her nachrangig gegenüber anderen Sozialleistungen, die sich wie Arbeitslosengeld und Arbeitslosenhilfe aus einer Berufstätigkeit ergeben (§ 2 Bundessozialhilfegesetzbuch BSHG) und Sozialhilfebezieher sind angehalten, sich Arbeit zu suchen und für den eigenen Unterhalt zu sorgen (§ 18 BSHG). Geschieht dies nicht in ausreichendem Maße, so hat der Empfänger keinen Anspruch auf laufende Hilfe zum Lebensunterhalt und diese wird ihm „in einem ersten Schritt" um mindestens 25% gekürzt (§ 25 BSHG).

System und der individuellen Lebenswelt stattfindet, muß sich mit den Veränderungen der Arbeitswelt und Ökonomie, die zu einer steigenden und andau-
ernden Sockelarbeitslosigkeit geführt haben und deren Auswirkungen auf die
individuelle Lebenswelt, auseinandersetzen. Die am meisten von Arbeitslosigkeit
betroffenen Gruppen wie Menschen mit geringer oder nicht vorhandener Qualifikation, Frauen, ältere und ausländische Arbeitnehmer, Personen mit gesundheitlichen Beeinträchtigungen und Jugendliche[6] sind zudem größtenteils „klassisches
Klientel" von Sozialarbeit. Selbst wenn es entgegen aller Prognosen mittel- oder
langfristig gelingen würde, eine große Anzahl neuer Arbeitsplätze zu schaffen,
stellt sich die Frage, wie jetzt Arbeitslosen bei der Bewältigung der aktuellen
Situation geholfen werden kann.

Sozialarbeit für Arbeitslose bedeutete bis jetzt vielfach der Versuch, über Qualifi-
zierungs- und Wiedereingliederungsmaßnahmen eine Integration der Betroffenen
in den ersten Arbeitsmarkt zu erreichen. Mit zunehmender und sich verfesti-
gender Sockelarbeitslosigkeit verlieren diese Maßnahmen an Wirkungs- und
Sinnhaftigkeit und dienen einer „Klientelisierung" von Arbeitslosen[7]. Sozialarbeit
kann an den Rahmenbedingungen wenig ändern[8]. Mit dem Hinweis auf Selbstverwirklichung und bestmögliche Entwicklungschancen, die als Ziel im „Code of
Ethics" festgelegt sind - der auch für arbeitslose Menschen gilt - und dem
Wissen, daß Arbeitslosigkeit oft Ausschluß aus Gesellschaft und Verarmung
bedeutet, sollte sich Sozialarbeit als die Profession, die den umfassendsten
Kontakt zu den Betroffenen hat, fragen, wie sie darauf reagiert.

---

[6] vgl. Beck 1986, S. 145

[7] „Klient" als vielbenutztes Wort für die „Empfänger" von Sozialarbeit kommt vom lateinischen
„cliens" und bedeutet Höriger / Abhängiger: Ein Bürger mit wenigen Rechten im alten Rom,
der einem Patron zu Dienst verpflichtet war (laut Fremdwörter-Duden).

[8] Trotzdem ist für eine erneute Politisierung von Sozialarbeit zu plädieren, welche auch eine
Solidarisierung innerhalb der Profession versuchen sollte. Es kann nicht angehen, daß 1996
19,9% des Bruttosozialproduktes für soziale Absicherung und soziale Leistungen an private
Haushalte ausgegeben worden sind und die Profession, die für soziale Gerechtigkeit eintritt, so
wenig zu sagen hat. Noch nie sind so viele Menschen mit sozialen und pädagogischen
Belangen befaßt gewesen wie Anfang der neunziger Jahre: 1993 mehr als 550.000 Voll- und
Teilzeitstellen (vgl. Rauschenbach 1994, S. 97).

1.2 Gliederung

Die Arbeit ist wie folgt aufgegliedert: In einem ersten Teil wird auf generalisierte Ursachen von Arbeitslosigkeit eingegangen. Die sogenannte „Globalisierung" sowie Technisierung und Computerisierung schaffen in zunehmendem Maße Arbeitslosigkeit. Arbeitslosigkeit ist keine temporäre Erscheinung mehr, da Lohnarbeit insgesamt weniger wird. Die neuen Technologien schaffen die Voraussetzungen für eine Verlagerung von Produktion an die Standorte mit den besten Bedingungen und eine Weiterverlagerung der Produktion, sobald anderswo bessere Bedingungen herrschen. Diese „Globalisierung" schafft vom Individuum nicht beeinflußbare Standortfaktoren, die aber die Lebensbedingungen entscheidend prägen. Eine von der Lage und den herrschenden Standortfaktoren der Region abhängige Arbeitslosigkeit führt zu einem Rückbezug von Menschen auf die lokale Ebene. Sozialarbeit vor Ort muß daher Rücksicht auf regionale und lokale Gegebenheiten nehmen. Dazu gehören die Problematik der Verarmung und Segregation bei fehlender Lohnarbeit und ein Auseinanderdriften von gesellschaftlichen Gruppen. Zur Begründung dieser Thesen soll das Kapitel 2. dienen.

Arbeitslosigkeit wird in dieser sich verändernden Gesellschaft häufig als persönliches Problem gesehen, individualisiert und wirkt somit stigmatisierend[9]. In dieser Arbeit ist der Bezugspunkt „Zeit" gewählt worden, um überindividuelle Aspekte von Arbeitslosigkeit darstellen zu können. Die Einteilung der Lebenszeit in Arbeitszeit und Freizeit ist erst im Zuge der Industrialisierung entstanden und mit dieser Einteilung eine bestimmte Gesellschaftsstruktur. Es wird die These aufgestellt, daß durch Massenarbeitslosigkeit und soziale Veränderungen Teile der Bevölkerung dauerhaft von einer Vergesellschaftung durch Erwerbsarbeit ausgegrenzt bleiben. Als eine Folge der gesellschaftlichen Veränderungen werden unter anderem die bisherigen Zeitaufteilungen fragmentiert und sind daher für Teile der Bevölkerung als generalisiertes Vergesellschaftungsmodell nicht mehr angemessen. Auf diese Zusammenhänge wird in den Kapiteln 3. und 4. eingegangen.

In Kapitel 5. werden kurz diejenigen Veröffentlichungen zusammengefaßt und kritisch betrachtet, die sich mit „Arbeit" im weitesten Sinne beschäftigen, um zu zeigen, welche Utopien dort entworfen werden.

Die materielle Verarmung durch Arbeitslosigkeit ist ein weiteres überindividuelles Problem. Die Verteilung des gesellschaftlichen Reichtums findet für den lohnabhängigen Teil der Bevölkerung durch Erwerbsarbeit statt. Wenn die Zahl der

---

[9] Als Gegenbeispiel seien die Protestaktionen gegen die Schließung des Hüttenwerks Rheinhausen genannt. Hier kam es auch zu Aktionen wie der Besetzung einer Brücke. Diese an sich strafbare Handlung zog aber, ob der Masse der Protestierenden, keine strafrechtliche Verfolgung nach sich. Bei den Protesten erfolgte eine breite Solidarisierung der Bevölkerung mit den Arbeitnehmern, sicherlich auch wegen der Betroffenheit ganzer Stadtviertel von der großen Zahl der Entlassenen.

Arbeitsplätze abnimmt, hat ein Teil der Bevölkerung keinen Zugang mehr zu diesen Verteilungsmöglichkeiten. Da auch die Systeme sozialer Absicherung wie Arbeitslosengeld und -hilfe an das System Erwerbsarbeit gekoppelt sind, ist mit Arbeitslosigkeit oft Armut verbunden. Für diejenigen, die nie in den Genuß von Erwerbsarbeit gekommen sind, bleibt nur die Sozialhilfe mit allen ihren stigmatisierenden Folgen. Deswegen wird im Kapitel 6. auf den Stand der Armutsforschung und auf ein garantiertes Grundeinkommen als eine mögliche Antwort auf die Armutsproblematik eingegangen.

Im Kapitel 8. werden die Recherchen, die als Ausgangspunkt für diese Arbeit dienten, dargestellt.

Nach solchen mehr grundsätzlichen Aspekten wird sich die Arbeit mit einem konkreten Ansatz von möglicher Gestaltung von Leben ohne Erwerbsarbeit, dem „Haus der Eigenarbeit" in München und einem regionalen Ansatz von Arbeitslosenarbeit, dem Projekt „Zwischen Arbeit und Ruhestand" im Ruhrgebiet, auseinandersetzen. Außerdem wird noch auf Tauschringe und deren Vernetzungsmöglichkeiten mit Arbeitslosenarbeit eingegangen, als eine Chance, eine Ökonomie der Gegenseitigkeit zu reinstallieren.

2. Veränderungen von Ökonomie und Arbeit

Ökonomische und technische Veränderungen führen zu veränderten Bedingungen weltweit, zu einem Anstieg und einer strukturellen Veränderung von Arbeitslosigkeit, die sich massiv auf Arbeits- und Lebenswelt des einzelnen auswirken kann. Auf einige dieser Aspekte soll in den folgenden Abschnitten eingegangen werden.

2.1 „Globalisierung" und strukturelle Ursachen von Arbeitslosigkeit

Globalisierung, Deregulierung, Flexibilisierung, lean management und der „gefährdete Standort Deutschland" sind einige Schlagworte, die immer wieder gebraucht werden, wenn es um Arbeitslosigkeit geht. Mit dem Hinweis auf die Bedrohung des Standortes Deutschland[10] durch seine angeblich zu hohen Lohnnebenkosten und dem Hinweis auf die Konkurrenz im Ausland werden Arbeitsplätze abgebaut. Gleichzeitig wird behauptet, daß es erst durch veränderte Rahmenbedingungen, die eine internationale Konkurrenzfähigkeit erlauben, ermölicht wird, Arbeitsplätze zu schaffen[11]. Die USA werden dabei gerne als ein Beispiel präsentiert, welche mit einem deregulierten Markt, schwachen Gewerkschaften und einem minimalen Wohlfahrtsstaat eine sehr hohe Beschäftigungsquote erreicht haben. Bruce Western und Katherine Beckett, zwei amerikanische Soziologen, hingegen behaupten, daß das Strafrecht in den USA zu einer Institution zur Regulierung des Arbeitsmarktes geworden ist, welches in hohem Maße Arbeitslosigkeit verschleiert und langfristig Arbeitslosigkeit produziert. Die USA haben analoge Arbeitslosenzahlen zu den europäischen „Wohlfahrtsstaaten", wenn die massive Erhöhung der Gefangenenzahlen, verursacht durch Strafrechtsverschärfungen, herausgerechnet werden[12].

---

[10] Daß dieser besser ist als sein Ruf, wird auch von der Bundesbank vermerkt. Es gebe zwar noch einige Probleme, so z. B. die Starrheiten am deutschen Arbeitsmarkt, aber hier sei eine Reihe von Reformen mit maßvollen Abschlüssen in der Lohnpolitik und Ansätzen zu flexibleren Arbeitsmarktregelungen auf den Weg gebracht worden (vgl. BZ vom 14.8.1997 „Standort Deutschland ist besser als sein Ruf"). Nach Angaben des BERI Instituts, Genf liegt Deutschland im Wettbewerb der Standorte an sechster Stelle hinter Singapur, Schweiz, Japan, USA und den Niederlanden und vor Frankreich, Schweden, Österreich und Südkorea (vgl. Palm 1996, S. 265).

[11] vgl. Keuch 1996, S. 35

[12] 1995 waren in den USA 1,6 Millionen Menschen inhaftiert und das amerikanische Gefängniswesen beschäftigt weitere 1,5 Millionen, so daß sich „the job machine" beim genaueren Hinsehen sehr relativiert. Da Häftlinge weitaus schlechtere Chancen auf einen Job haben und demzufolge die Rückfallquote mit 70% sehr hoch ist, verschwinden diejenigen, die ein hohes Risiko von Arbeitslosigkeit haben, einfach aus den Statistiken in die Gefängnisse (vgl. BZ vom 13.8.1998: „Modell USA: Arbeiten hinter Gittern statt Sozialhilfe" und Western / Beckett 1998, S. 159ff). Kurzfristig verdeckt eine hohe Zahl Inhaftierter, zumeist junge, ungelernte und gesunde Männer im erwerbsfähigen Alter, ein hohes Niveau an Arbeitslosigkeit. Die staatliche

Selbst wenn Globalisierung ein Phantom ist[13] wird es als Schlagwort benutzt, um massiv zu deregulieren, neoliberale Positionen durchzusetzen, Profitmaximierung zu erreichen und soziale Errungenschaften abzubauen. Dazu paßt, daß Welthandel zunächst und vor allen Dingen Binnenhandel zwischen den großen westlich orientierten Industrie- und jetzt auch Dienstleistungszentren ist. Am Welthandel nehmen nur solche Trikontstaaten[14] teil und das mit negativer Handelsbilanz, die über Rohstoffe verfügen. Diese Ungleichgewichte weisen aber nicht auf zu wenig

- Welt des Wohlstandes - Welt des Mangels -

Bruttosozialprodukt 1995 je Einwohner in Dollar

Die 10 reichsten Länder

Luxemburg	41 210 $
Schweiz	40 630
Japan	39 640
Norwegen	31 250
Dänemark	29 890
Deutschland	27 510
USA	26 980
Österreich	26 890
Singapur	26 730
Frankreich	24 990

Die 10 ärmsten Länder

200 $	Nepal
180	Tschad
180	Sierra Leone
180	Ruanda
170	Malawi
160	Burundi
120	Tansania
120	Zaïre
100	Äthiopien
80	Moçambique

Quelle: Weltbank

Marktliberalität, sondern auf eine Dominanz der Terms of Trade der reichen Industrienationen hin. Unterstützt durch Austeritätsprogramme von IWF und Weltbank können diese Rohstoff- und Produktpreise zu Ungunsten der „armen" Länder bestimmen[15]. „Globalisierung" bedeutet eine sich fortsetzende Ausgren-

---

Intervention auf dem Arbeitsmarkt durch das Strafrecht vermittelt ein falsches, überaus optimistisches Bild der Leistungsfähigkeit des Arbeitsmarktes in den USA (vgl. Western / Beckett 1998, S.174).

[13] Ulrich Dolata vom Institut für Interdisziplinäre Technikforschung aus Bremen meint, daß die Globalisierung eine Standortdebatteninszenierung sei, die durch Fakten nicht gedeckt ist, um finanzielle Leistungen für die Beschäftigten leichter abbauen zu können. Deutsche Unternehmen spielten nur in Ausnahmefällen eine weltweite Rolle (vgl. Frankfurter Rundschau (FR) vom 30.1.97: „Das Phantom der Globalisierung"). In die gleiche Richtung argumentiert Hans-Jürgen Burchardt: Nur wenige Unternehmen wie Coca Cola seien weltweit aktiv, die meisten hätten ihre Produkte dem heimischen Absatz angepaßt. Die transnationale Ausdehnung sei nur eine Fortsetzung des bisherigen Prozesses. Globalisierung würde vor allem als Schlagwort benutzt, um Druck auf Arbeitnehmer auszuüben und Lohnkosten zu drücken (vgl. Burchardt 1997: Globalisierung - Ein Gespenst geht um, S. 23f und 31ff).

[14] Trikont: Die drei Kontinente Asien, Afrika und Südamerika mit den „armen" Ländern, auch stigmatisierend „Dritte Welt" genannt.

[15] Huster 1996, S. 38f

zung der ärmsten Länder. In Ländern wie Bangladesch, dem Tschad, Mocambique, Äthiopien, Zaire leben 10% der Weltbevölkerung. Der Anteil dieser Länder am Weltmarkt ist von 0,6% 1977 auf 0,3% 1997 gefallen[16]. Mit dem, was in Europa und den USA für Eiscreme und Hundefutter ausgegeben wird, könnte das ärmste Fünftel der Weltbevölkerung mit Wasser, einer ausreichenden Ernährung, sowie einer Grundbildung versorgt werden. Der Lebensstil der reichen westlichen Industrienationen ist nicht nur eine Provokation der armen Mehrheit, sondern wegen der damit verbundenen enormen Umweltverschmutzung auch ein Anschlag auf das Wohlergehen künftiger Generationen[17]. An Armut, Ausbeutung und wachsender Arbeitslosigkeit ändert die derzeitige Diskussion um die „falsche" Begrifflichkeit von Globalisierung oder Transnationalisierung versus Internationalisierung von Ökonomie aber wenig. In den folgenden Abschnitten sollen einige Aspekte von sich verändernder Ökonomie dargestellt werden.

Die fortschreitende Vernetzung und der Ausbau der neuen Informationstechnologien, die Computerisierung und Automatisierung der Produktion haben die Arbeitswelt verändert und werden dies zunehmend weiter tun, was zu weiteren „Freisetzungen" von Arbeitnehmern führt. Sozialarbeit auf lokaler und regionaler Ebene wird mehr und anders konfrontiert werden mit der Auflösung nationaler Grenzen, der Auflösung herkömmlicher Familienbindungen, Steigerungen der Mobilitätsanforderungen, einer „reflexiven Modernisierung", also quantitativen Veränderungen bisheriger Strukturen, die zu qualitativen Unterschieden führen. Dies sind, neben anderen sozialen Aspekten, Folgen von international operierendem Kapital und globalem Wettbewerb um Standortbedingungen. Transnationale Konzerne sind wenig an nationale Gesetzgebungen, regionale soziale Gegebenheiten oder konkrete Lebensumstände gebunden, sondern handeln nach dem Prinzip der Gewinnmaximierung, was zu einer „Entbettung" aus regionalen Bezügen führt. Von dem liberalen amerikanischen Ökonomen John Kenneth Galbraith stammt der Hinweis, daß neben dem Streben nach Gewinnmaximierung ein Selbstversorgungsstreben der „Apparate" zu beobachten sei: „The Bureaucratic Syndrome". Diese Tendenz der Apparaterhaltung ist seiner Meinung nach wesentliches Motiv von ökonomischem Streben und verstärkt die Kluft zwischen denen, die eine Lohnarbeit haben, und denen, die „außen vor stehen". Gerade die privaten und öffentlichen Bürokratien mit ihren Lebenszeitstellen sind besonders resistent gegen Veränderungen, unzugänglich und verbrauchen oft die von den angestellten Arbeitnehmern oder Steuerpflichtigen aufgebrachten Finanzmittel so, daß für Sachinvestitionen oder neue Tätigkeitsfelder kein Spielraum mehr bleibt[18].

---

[16] vgl. Entwicklungsprogramm der UN, New York 1997

[17] vgl. Bericht über die menschliche Entwicklung 1998, Entwicklungsprogramm der Vereinten Nationen UNDP, Genf 1998 und vgl. Meyer-Timpe / Vorholz: „Die letzte Lüge" in: „Die Zeit" vom 10.9.1998

[18] Galbraith 1996, S. 104ff

Mit der Tendenz, Arbeitsplätze ebenso wie soziale Sicherungssysteme abzubau-
en, bei gleichzeitigem Zwang zur Arbeit, der zumindest in der BRD durch die
Bestimmungen von Arbeitsförderungsreformgesetz und im Bundessozialhilfegesetzbuch festgelegt ist[19], wächst der Druck auf den lohnabhängigen Teil der
Bevölkerung, jede Arbeit zu allen Bedingungen anzunehmen[20]. Die sozialen
Sicherungssysteme sind als Standortgegebenheiten im globalen Wettbewerb
diesem ausgesetzt. Dagegen ist Sozialarbeit an nationale Grenzen und Rechtsprechung ebenso wie an lokale Gegebenheiten gebunden. Sozialarbeit verliert durch
die weltweiten ökonomischen Entwicklungen unmittelbaren Einfluß auf die Umstände, die die Lebenswelt ihrer „Klientel" und der eigenen Arbeit bestimmen.

Die zunehmende Freizügigkeit und Transnationalisierung von Kapital, Dienstleistungen und Know-how gelten nicht für soziale Sicherungssysteme. Diese sind an
Nationalitäten, Traditionen und geschichtliche Eigenheiten gebunden. Während
neue Wirtschaftsräume entstehen oder schon bestehende größer und liberalisierter
werden (GATT 1994, NAFTA 1993, aber auch EWG 1975), gilt dies nicht für soziale Sicherungssysteme. Deutschland verhinderte 1956 bei den Römischen Ver-
trägen eine Harmonisierung der sozialen Beziehungen der einzelnen Mitglieds-

---

[19] Laut Grundgesetz Artikel 12 und den entsprechenden Erläuterungen ist Arbeit Lebensgrundlage und Lebensaufgabe zugleich. Einen Zwang zur Arbeit darf es nicht geben, daß heißt aber
nicht, daß ein Arbeitsloser nicht zu einer Tätigkeit verpflichtet werden darf. Dies bedeutet auch
kein Recht auf Arbeit, lediglich das Recht auf freie Berufswahl und auch das Recht, keinen
Beruf auszuüben (vgl. Weis 1989, S. 119ff), sofern mensch nicht dem Staat auf der Tasche
liegt. Im BSHG steht, daß Sozialhilfe nur bekommt, wer für seinen Lebensunterhalt nicht mit
eigenen Kräften oder Mitteln aufkommen kann (§2 und §11 BSHG). Das BSHG legt außerdem eine Verpflichtung zur Arbeit fest (§ 18 Absatz 1 BSHG). In der Neufassung des Arbeits-
förderungsreformgesetzes (AFRG) werden verpflichtende Trainingsmaßnahmen für Arbeitslose
festgelegt, ein Nachweis aktiver Beschäftigungssuche wird verlangt werden, der Zumutbar-
keitsbegriff ist verschärft worden und der Berufsschutz ist abgeschafft worden (vgl. Art. 11
AFRG in Kraft durch Art. 83 Abs. 3 AFRG) (vgl. außerdem Bundesministerium für Arbeit und
Sozialordnung: Reform der Arbeitsförderung, Bonn 1997). Diese Maßnahmen sind nicht einem
Arbeitszwang zu vergleichen, wie es ihn schon einmal in Deutschland gegeben hat, festzustellen ist aber, daß der Druck auf Hilfeempfänger wächst und eine oft genutzte Möglichkeit, ohne
Erwerbsarbeit zu leben, Schwarzarbeit ist. Diese hat ein gewisses Kriminalisierungsrisiko, so-
lange mensch nicht über das nötige Kleingeld verfügt, um solch lästigen Dingen wie Erwerbsarbeit grundsätzlich aus dem Weg gehen zu können.

[20] CDU Bundestagsabgeordneter Hermann Kues verlangt, Empfänger von Arbeitslosenhilfe mit
Sozialhilfeempfängern gleichzustellen und Langzeitarbeitslose zu öffentlichen Arbeiten wie
Laubfegen oder Rasenmähen heranzuziehen. Wird dies verweigert, soll die Arbeitslosenhilfe
gekürzt oder gestrichen werden. Rudolf Scharping von der SPD meinte, wer eine Arbeitsstelle
ablehne, müsse dies auch finanziell spüren, zumutbar sei jede Arbeit, zu der ein Mensch
körperlich und geistig in der Lage sei (vgl. BZ vom 14.10.1997 „Arbeitslose unter Druck"),
Arbeitgeberpräsident Hundt will Arbeitslosen- und Sozialhilfe nach amerikanischem Modell
zusammenlegen und zeitlich befristen, „da das derzeitige System zum Ausruhen in der sozialen
Hängematte verführt" (BZ vom 26.6.1997 „Neue Schikane").

staaten aus Angst vor wirtschaftlichen Nachteilen[21]. Bei heutigen Verhandlungen lehnen die sogenannten Schwellenländer die sozialen und ökologischen Standards der reichen Industrienationen ab, da sich dadurch ihre Wettbewerbslage deutlich verschlechtern würde[22].

Der Standortvorteil der Länder im Trikont ist eine „ungeheure industrielle 'Reservearmee' billigster Arbeitskraft", welches die „größte natürliche Ressource der Entwicklungsländer"[23] darstellt, die ohne soziale Sicherungssysteme der Ausbeutung ausgesetzt ist[24]. Möglich wird dies durch eine hinreichende Fragmentierung von Produktionsprozessen und die guten existierenden Transportmöglichkeiten und Kommunikationstechnologien, die eine Voll- und Teilfertigung an fast jedem beliebigen Standort erlauben[25]. Von den regionalen und nationalen Administrationen wird die Bereitstellung von Infrastruktur und billiger Arbeitskraft als Gegenleistung für die Unternehmensansiedlung erwartet. Diese spezifische Form der Industrialisierung im Trikont trägt langfristig nichts zur Entwicklung lokaler Wirtschaftsstrukturen bei, weil sie als Enklavenwirtschaft auf den Weltmarkt und damit exportorientiert fixiert ist[26]. Arbeitsplätze werden kurzfristig geschaffen, können aber jederzeit wieder abgebaut und verlagert werden.

Dazu kommt die Automatisierung, die sich auch im Trikont durchsetzt. Dabei geht es weniger um die Einsparung von Arbeitskosten, als um die Verbesserung der Qualität[27]. In China, dem bis jetzt letzten Land, welches sich dem Kapitalismus als herrschender Weltwirtschaftsordnung angeschlossen hat, setzt die Regierung auf eine allgemeine Umstrukturierung von Fabriken und Erneuerung der Anlagen, die das Land global konkurrenzfähig machen sollen. Dabei werden laut Jeremy Rifkin, Autor des Buches „Vom Ende der Arbeit", durch die Restrukturie-

---

[21] vgl. Huster 1996, S. 13

[22] vgl. Huster 1996, S. 16 und BZ Artikel vom 19.9.1997: „Dritte Welt verzögert Ozon-Schutz"

[23] beide Zitate: vgl. Gil 1997, S. 70

[24] Beispiel dazu: Asiatische Näherinnen, die Textilien für deutsche Unternehmen wie Otto, Karstadt, Quelle, Adidas u. a. nähen. China ist das bedeutendste Bekleidungsherstellerland für deutsche Unternehmen. Arbeiterinnen müssen bis zu 150 unbezahlte Überstunden im Monat leisten und arbeiten unter unzureichenden Gesundheits- und Sicherheitsvorrichtungen. Heimarbeit ohne gewerkschaftliche Organisation und Mindestlöhne, aber mit Kinderarbeit und enormen Gewinnspannen sind eher Standard als Ausnahme. Für einen Pullover, der vom Otto-Versand für zehn Mark auf den Philippinen eingekauft wird, stehen hier im Katalog 50 Mark (vgl. Studie des Siegburger Instituts Südwind 1997 „Kleidungsproduktion mit Haken und Ösen").

[25] vgl. Gil 1997, S. 70

[26] vgl. Gil 1997, S. 71

[27] vgl. Rifkin 1995, S. 152

rungswelle 30 Millionen Arbeitskräfte „freigesetzt"[28]. Dies ist vordergründig widersprüchlich zu der oben beschriebenen Entwicklung des Einsatzes von billigen Arbeitskräften, spiegelt aber einen internationalen Trend zu höherer Automatisierung wieder. Damit wird auch das hier im öffentlichem Diskurs immer verwendete Argument der billigen Arbeitslöhne als Standortvorteil der Länder im Trikont hinfällig. Noch ist es im Sinne einer auf Marktausweitung setzender Politik nötig, um Lohnkosten im internationalen Vergleich zu drücken[29].

Politische Versuche einzelner Länder, die neu entstandene transnationale, globalisierte „Internationale Arbeitsteilung" zu regulieren, werden wenig nützen. Kapital und Produktion werden dort investiert und verortet, wo die aus Sicht der Investoren günstigsten Bedingungen herrschen, egal wie diese erreicht werden[30]. Diese können billige Arbeitskräfte für arbeitsintensive Massenproduktionen, aber auch zunehmend hochqualifizierte Ingenieure und Techniker sein, wie sie z. B. in Indien ausreichend vorhanden sind. Diese Arbeitskräfte arbeiten billiger als bundesrepublikanische und sind via Internet online mit den hier ansässigen Firmen verbunden, was - bedingt durch die Zeitverschiebung - auch einen Zeitgewinn bedeutet. Thomas Gil spricht in seinem Buch „Sozialphilosophie der Arbeit" in diesem Zusammenhang von dem „kategorischen Imperativ der Rentabilität"[31]. Investiert wird auch dort, wo die zukünftigen Konsumenten erwartet werden. So sind 1995 die Investitionen ausländischer Unternehmen nach China mit 38 Milliarden um 10 Milliarden höher als die Investitionen in Deutschland während der letzten 10 Jahre. Die Produktion folgt den Märkten[32].

Eine Antwort auf die zunehmende Verarmung mit allen damit verbundenen Entwurzelungen werden Migrationsbewegungen sein. Die Flucht in wohlhabendere Gebiete stellt für viele Menschen in den ärmsten Regionen die einzige Hoffnung auf Verbesserung ihrer Lebenslage dar[33]. Dies führt zum Erstarken rassistischer und nationalistischer Tendenzen. Mölln, Hoyerswerda und Solingen mit ihren bitteren Konnotationen sind Beispiele einer enormen Anzahl von gewalttätigen

---

[28] vgl. Rifkin 1995, S. 153

[29] Nach Meinung der Bundesbank sind weitere Anstrengungen nötig, um die „Fehlentwicklungen" der Vergangenheit zu korrigieren und am Standortwettbewerb der hochentwickelten Industrienationen erfolgreich zu partizipieren. Aber die nötigen Reformen, die Starrheit auf dem deutschen Arbeitsmarkt zu deregulieren, sind mit einer Lohnpolitik der „maßvollen" Abschlüsse und Ansätzen zu flexibleren Arbeitsmarktregelungen begonnen worden (vgl. BZ vom 14.8.1997 „Standort Deutschland ist besser als sein Ruf").

[30] vgl. Gil 1997, S. 71

[31] Gil 1997, S. 71

[32] vgl. Fabrik Rundbrief 1997, S. 14

[33] vgl. Huster 1996, S. 39

rassistischen Übergriffen[34]. Rassismus ist wieder demokratiefähig geworden: Die Republikaner und die DVU sitzen seit mehreren Jahren in Landtagen und zahllosen Gemeinderäten. In Österreich setzte sich Haiders FPÖ 1997 in Oberösterreich klar gegen die SPÖ durch. In Italien erreichte 1994 das neofaschistische Movimento Sociale Italiano 13,5% der Stimmen, in Rußland ist es die liberaldemokratische Partei Wladimir Schirinowskis, in Frankreich Le Pen, der rassistische Parolen und Positionen vertritt.

Anhaltende Migrationsbewegungen und migrantenfeindliche Politik spiegeln sich in konkreten politischen Aktionen wider: Mit dem pauschalen Arbeitsverbot für Asylsuchende, die nach dem 15. Mai 1997 nach Deutschland eingereist sind, wird eine Politik der Ausgrenzung fortgesetzt. Nach Meinung Puschmanns, des Präsidenten der Caritas, dient dies nicht dem Abbau von Arbeitslosigkeit, sondern einer Abschreckungspolitik[35]. Durch das Asylbewerberleistungsgesetz von 1993 sind Sonderrechte für Migranten festgelegt worden. Damit ist nicht nur der Zugang nach Europa im Sinne einer Abschreckungspolitik erschwert, sondern auch ein Existenzminimum gesetzlich festgelegt worden, welches unter dem der einheimischen Bevölkerung liegt. Nicht selten sind solche Maßnahmen auch der Anfang zur Absenkung des Existenzminimums für die einheimische Bevölkerung[36]. Alle Maßnahmen der Ausgrenzung von Migranten vom Arbeitsmarkt in Deutschland führen nur zu einem Export der Arbeitslosigkeit.

Solche Entwicklungen haben einen Abbau der sozialen Sicherungssysteme in den westlichen Industriestaaten zur Folge[37], da diese als Wettbewerbsnachteil

---

[34] Rifkin spricht von 17 Toten bei mehr als 2000 Zwischenfällen allein im Jahre 1992 (vgl. Rifkin 1995, S. 158). Genaue Zahlen liefern die Antworten auf die monatlichen Anfragen bei der Bundesregierung zu ausländerfeindlichen und rechtsextremistischen Ausschreitungen. So gab es z. B. im Juni 1998 laut BKA 140 ausländerfeindlich motivierte Straftaten, 30 verletzte Personen und 121 gemeldete Tatverdächtige (vgl. Deutscher Bundestag, Drucksache 13/11348).

[35] vgl. Caritas Informationsdienst Freiburg vom 25.6.97

[36] vgl. Huster 1996, S. 20

[37] Die USA sind bei dem „Umbau" der Sozialhilfe soweit, daß sie den Rechtsanspruch auf Sozialhilfe abgeschafft haben. Länger als 2 Jahre darf niemand Sozialhilfe beziehen. Bis jetzt ist die Regelung nur in zwei Bundesstaaten umgesetzt worden. Firmen, aber auch Non-Government-Organisationen (NGO's), sollen für eine Wiedereingliederung auf den Arbeitsmarkt sorgen. Dafür haben diese einen budgetierten Etat. Noch ist die Regelung der endgültigen Verweigerung von staatlicher Unterstützung nicht angewandt worden, da die Hochkonjunktur der amerikanischen Wirtschaft bis jetzt ausreichend Möglichkeit bot, Arbeitsplätze zu schaffen (vgl. BZ vom 16.9.1997 „Neue Devise: Los, geh dir einen Job suchen"). Freiburg und andere deutsche Städte wie Lübeck sind da ausnahmsweise mal fortschrittlicher: Allein in den ersten zwei Monaten seit Einführung der KOLA (Kommunaler Leitstelle für Arbeit) ist in drei Fällen die Sozialhilfe gestrichen und in einem Fall um 30% gekürzt worden (vgl. Bericht über das erste Quartal 1998 der KOLA / dazu siehe auch Fußnote 146 und außerdem Fußnote 13).

gleichen globalen Marktgesetzen ausgesetzt sind. Die Kostenkonkurrenz zwischen den Volkswirtschaften steigt. Problematisch ist dies für die betroffene Bevölkerung, die auf die Ansiedlung von Firmen und Kapitalfluß keinen Einfluß hat, aber das Risiko tragen muß, da sie auf Arbeitsplätze oder soziale Sicherungssysteme angewiesen ist.

Der Anstieg der Arbeitslosenzahlen führt zu einer Angleichung des Armutsniveaus in den westlichen Industrienationen an das im Trikont[38]. Der Prozeß legaler Arbeitsmigration innerhalb der EU führt wegen der größtenteils schlechteren Qualifikation der Migranten zu einem Anwachsen des lokalen Armutspotentials, ebenso wie die Vergrößerung des in den westlichen Staaten illegal anwesenden und arbeitenden Bevölkerungsteils. Dieser muß gezwungenermaßen zu jedweder Bedingung arbeiten, was zu einer Verschlechterung der Arbeits- und Lebensbedingungen zunächst für diese Gruppen führt, umgekehrt dann aber auch für die „einheimische" Bevölkerung, die einer zunehmenden Lohnkostenkonkurrenz ausgesetzt ist[39]. Auch die „Bekämpfung" illegalisierter Beschäftigungen führt zu einem erhöhten Konkurrenzdruck, da das Wissen existiert, daß Arbeitskraft billiger als zu den in Tariflöhnen festgelegten Rahmenbedingungen zu haben ist. Langzeitarbeitslose, die wissen, daß sie auf dem ersten Arbeitsmarkt keine Chance haben, sind eher bereit, sich in illegale Beschäftigungsverhältnisse zu begeben und unterliegen damit einem Kriminalisierungsrisiko.

Durch die unterschiedlichen Modernisierungspolitiken der Länder und Regionen, die mit Wirtschaftsförderungsprogrammen, Freihandelszonen und Steuervergünstigungen Anreize zur Ansiedelung von Kapital und Produktion schaffen wollen, werden Teilräume wie ländliche Gebiete und altindustrielle Regionen vom Wachstum abgehängt und ausgeschlossen[40]. Dies hat eine Regionalisierung sozialer Segmentation und Ausgrenzung durch Wirtschaftsdynamiken zur Folge. Durch Wirtschaftsförderungsmaßnahmen versuchen sich Administrationen in einem „Europa der Regionen"[41] Standortvorteile zu verschaffen, die sich letztlich aber kontraproduktiv für Bedingungen wie das Steueraufkommen durch Betriebe allgemein und für lokale Bevölkerung im besonderen niederschlägt. Gerade altindustrielle Regionen wie das Ruhrgebiet haben mit schwindender Kaufkraft und Nachteilen wie verseuchten Böden als Folge ungebremsten Wachstums in der Frühindustrialisierung bei der Ansiedelung von Unternehmen zu kämpfen. Diese Problematik der rücksichtslosen Ausbeutung natürlicher Ressourcen wiederholt sich sowohl im Trikont als auch in den Nachfolgestaaten des Ostblocks.

---

[38] vgl. Forrester 1997, S. 149

[39] vgl. Huster 1996, S. 18

[40] vgl. Huster 1996, S. 16

[41] vgl. Peschel 1997, S. 94

Die Segregation findet aber nicht nur international durch eine Spaltung in arme und reiche Regionen, sondern auch innerhalb prosperierender Wirtschaftszentren statt. Arbeitslose, welche die hohen Mieten nicht bezahlen können, ausgebeutete Arbeitnehmer, die als „working poor" am Rande der Zentren in Slums oder sogenannten sozialen Brennpunkten leben müssen, Menschen, die der Nanosekundenkultur[42] nicht gewachsen sind und aus dem System der Höchstleistung herausfallen, erleben dies hautnah und tagtäglich. Dienstleistungen wie Putzen, Prostitution und Pförtnerdienste, ebenso wie Sicherung der reichen Vorortsiedlungen werden gebraucht, die dazu benötigten Menschen sind in den „High-Tech-Enklaven der Symbolanalytiker"[43] nicht erwünscht. Eine plastische Schilderung dieser Prozesse, die eine räumliche Ausgrenzung durch bewachte Stadtteile ebenso wie die Abschaffung des öffentlichen Raumes beinhalten, liefert Mike Davis in seinem

Pennersichere Busbank

---

[42] vgl. Rifkin 1995, S. 132ff

[43] Symbolanalytiker sind eine neuentstehende kosmopolitische Elite von Wissensarbeitern, die über eine sehr gute Ausbildung verfügen und die neue High-Tech-Wirtschaft steuern. Zu den Wissensarbeitern gehören unterschiedliche Berufsgruppen, deren Gemeinsamkeit darin besteht, mit Hilfe hypermoderner Informationstechnologie Probleme zu identifizieren, zu bearbeiten und zu lösen. Ihre Aufgabe ist die Weiterverbreitung und Aufarbeitung von Informationen, in ihren Händen liegt die Entwicklung und Kontrolle der Produktion und ihrer Faktoren (vgl. Rifkin 1995, S. 157 und S. 13).

Buch „City of Quartz"[44] mit einer sozialgeographischen Analyse des Großraumes Los Angeles. H. J. Krysmanski meint in einem Aufsatz, daß das Phänomen der Segregation nicht nur die bisherigen Unterschichten hat noch ärmer werden lassen, sondern längst die Mittelschichten erfaßt hat. „Die meisten der zig Millionen personal attention jobs, die in den letzten Jahren für die neue Elite geschaffen worden sind, werden von derselben Mittelschicht ausgefüllt, die heute in die billigen Sitze und aus den Innenstädten gepreßt wird"[45]. Ähnliche Mechanismen lassen sich auch in der Bundesrepublik feststellen, wenn auch (noch) nicht in dem Maße wie die von Davis beschriebenen Konstellationen[46]. Auch in der BRD wächst die Ungleichverteilung der Besitztümer. So besaßen bundesdeutsche Haushalte 1996 im Durchschnitt 135.000 DM an gespartem Vermögen. In Westdeutschland besitzen 5% der Haushalte 28% des gesamten Vermögens, in Ostdeutschland 23%. Da aber Haushalte mit einem Monatseinkommen über 35.000 DM nicht in die Statistik eingehen, ist die Vermögenskonzentration noch höher. Die letzte vorliegende Analyse der Vermögenssteuerstatistik aus dem Jahre 1989 zeigt, daß damals 5% der Haushalte fast 40% der festverzinslichen Wertpapiere und knapp 60% der Aktien besaßen. Insgesamt beträgt das Nettogeldvermögen der Bundesbürger 4,6 Billionen Mark[47].

Die mediale Verfügbarkeit der scheinbar besseren, da reicheren und problemloseren Welt, auf jeden Fall aber der höhere Lebensstandard, der weltweit über Fernsehen, Medien und vor allem der Werbung verbreitet wird, weckt ein verständliches Bedürfnis nach Verbesserung der eigenen Lebensbedingungen bei Menschen in den ärmeren Regionen der Erde. Durch Migrationsbewegungen wachsen andererseits die Ängste derjenigen, die zwar in den reicheren Regionen, aber am unteren Rand der Gesellschaft leben. Diese müssen befürchten, daß bei der Verlagerung der Armutsproblematik ihr Anteil am Wohlstandskuchen noch kleiner wird[48].

---

[44] vgl. Davis 1994, S. 259ff

[45] vgl. Zeitung zum Sonntag vom 13. 9. 1998 „Warten auf das letzte Taxi"

[46] Eine Untersuchung über die Tendenzen der europäischen Stadterneuerungskultur mit architekturkritischen Betrachtungen im Rahmen des Umbaus der Innenstädte, der Einführung von ShoppingZentren auf der grünen Wiese, ebenso wie die Zugänglichkeit und Abschreckungsmechanismen bei der Errichtung öffentlicher Gebäude hat mit dem Thema dieser Arbeit nur am Rande zu tun, wäre aber als Ansatzpunkt für lebensweltorientierte Sozialarbeit interessant. Hier ließen sich auch Verknüpfungen zu einer interdisziplinären Forschung und Zusammenarbeit von Architektur, Kunst, Stadtplanung und Sozialarbeit erarbeiten. Inzwischen sind auch in der BRD einige gute Veröffentlichungen zum Thema „Vernichtung des öffentlichen Raumes" erschienen: „Gotham City und die Zukunft des öffentlichen Raumes" und „Umkämpfte Räume".

[47] vgl. BZ vom 31.7.1997: „Reiche werden jedes Jahr reicher". Die Tendenz der Vermögenskonzentration setzt sich national und global fort (vgl. Bericht über die menschliche Entwicklung 1998, Entwicklungsprogramm der Vereinten Nationen UNDP, Genf 1998)

[48] vgl. Huster 1996, S. 19

Die Ghettoisierung der Armen führt zu einer weiteren Ausgrenzung. Eine Adresse in einem bekannten Slumgebiet zu haben, führt automatisch zu einer schlechteren Chance auf dem Arbeitsmarkt beziehungsweise dem Ausschluß, wie Sozialarbeiter in sogenannten „Sozialen Brennpunkten" immer wieder erfahren[49]. Viviane Forrester spricht in diesem Zusammenhang von „No Mans Land" („Land der Nicht-Menschen"), von „vollkommen unbewohnbaren Gegenden"[50]. Sie meint, daß die bestehende Gesellschaft Jugendlichen ein Lebensmodell aufzwingt, ohne ihnen zu erlauben diesem zu entsprechen[51], was gleichzeitig Wut erzeugt und entmutigt. Die angestauten Aggressionen entladen sich dann gezwungenermaßen fast immer vor Ort in ihrem Ghetto[52]. Jeremy Rifkin verweist auf Untersuchungen der University of Utah, daß das Ansteigen der Arbeitslosenrate um 1% zu einer Zunahme der Mordfälle um 6, 7%, der Gewaltverbrechen um 3, 4% und der Eigentumsdelikte um 2, 4% führte[53]. Er meint: „Ausgeschlossen aus dem globalen High-Tech-Dorf werden sie Mittel und Wege finden, um sich aus eigener Kraft das zu holen, was ihnen die Kräfte des Marktes verweigern"[54]. Bei den wenigen Malen, in denen sich Anführer von schwarzen oder Chicano-„hardcore"-Gangs in Los Angeles öffentlich äußern durften, haben diese immer bestätigt, „daß anständige Jobs der Preis für Verhandlungen über ein humanes Ende des Drogenhandels und der Gang-Gewalt sind"[55]. Solche Entwicklungen finden nicht nur in den USA oder im Trikont statt, sondern auch in Europa. Im Oktober 1990 lieferten sich Hunderte Jugendliche in Vaulx-en-Velin, einer Vorortsiedlung von Lyon, eine dreitägige Straßenschlacht mit Polizei und Spezialeinheiten der Armee[56]. Militärexperten meinen, daß es zu einer Epoche von „Konflikten minderer Stärke" wie Anschlägen, Überfällen und Guerillakämpfen kommen werde[57]. Das Schweizer Militär 1996 eine Übung durchgeführt, bei der eine Kundgebung von Arbeitslosen niedergeschlagen werden sollte[58]. Die Bundeswehr ist mit der Einführung der Krisenreaktionskräfte im September 1997 zumindest von der Strategie der Übungen und der Ausrüstung her in der Lage, auf solche Entwicklungen zu reagieren. In den Bundesländern werden immer mehr Sondereinheiten wie z. B. die „Häuserbeweissicherungstruppe"(Baden-Württemberg 1997) aufgestellt.

---

[49] vgl. Oelschlägel 1991, S. 90

[50] vgl. Forrester 1997, S. 82

[51] vgl. Forrester 1997, S. 91

[52] vgl. Forrester 1997, S. 83

[53] vgl. Rifkin 1995, S. 156

[54] Rifkin 1995, S. 157

[55] Davis 1994, S. 345

[56] vgl. Rifkin 1995, S. 157

[57] vgl. Rifkin 1995, S. 160

[58] vgl. BZ vom 19.6.1997 „Armee-Übung gegen Arbeitslose"

2.2 Technisierung und Automatisierung in der Arbeitswelt

Jeremy Rifkin schreibt in seinem Buch „Vom Ende der Arbeit", daß sich die Arbeitswelt durch eine dritte industrielle Revolution radikal verändern wird. Die Folge dieser dritten industriellen Revolution wird ein Abbau von Arbeitsplätzen in noch nie gekanntem Maße sein. Bei den beiden vorhergegangenen industriellen Revolutionen war die menschliche Arbeitskraft von Maschinen verdrängt worden. Dampfmaschinen ersetzten die menschliche und tierische Arbeitskraft als hauptsächliche Energiequelle, die später durch mit Öl betriebene Maschinen verdrängt wurden. Der Einsatz von Elektromotoren führte zu einer enormen Verfeinerung der Antriebsmöglichkeiten von Maschinen und damit Ausweitung ihrer Einsatzmöglichkeiten[59]. Allerdings waren diese noch so „unvollkommen", daß weiterhin Menschen gebraucht wurden, quasi um die Lücken der Maschinen auszufüllen und diese zu überwachen. Das hatte zur Folge, daß - grob vereinfachend - die Menschen, die in der Landwirtschaft nicht mehr gebraucht wurden, in den Fabriken Arbeit finden konnten und die in den Fabriken nicht mehr benötigten im Dienstleistungssektor untergebracht wurden.

Mit der Einführung der ersten Rechenmaschinen nach dem zweiten Weltkrieg und deren Weiterentwicklungen dringen Maschinen erstmals „in die letzte Domäne des Menschen ein - in das Reich des Verstandes"[60]. Heutige Computergenerationen sind in der Lage hochkomplexe Systeme zu steuern, zu überwachen und sich dabei selber zu kontrollieren und zwar effizienter, als Menschen dies können. Die in den Fabriken eingesetzten Fertigungsroboter arbeiten präziser, schneller und ermüdungsfreier als ein Mensch. Im Sinne des Managements sind noch andere Qualitäten von Computern und Robotern als Ersatz für menschliche Arbeitskräfte entscheidend wichtig. Rifkin beschreibt, daß schon 1946 die neuen Qualitäten der Maschinen erkannt wurden (... „Sie beklagen sich nie über Arbeitsbedingungen, und verlangen nie höhere Löhne, wenn die Umsätze steigen. Sie machen [...] weniger Ärger als die Menschen, die dieselbe Arbeit verrichten, ..."[61]) und diese in den Arbeitskämpfen zwischen 1945 und 1955 erfolgreich umgesetzt wurden. „Angesichts der massiven Forderungen der Arbeiterschaft suchten die großen Unternehmen, die entschlossen waren, die Kontrolle über die Produktionsmittel nicht aus der Hand zu geben, ihre Rettung bei den neuen Automatisierungstechnologien"[62]. Rifkin beschreibt weiter, daß die sich fortsetzende Computerisierung

---

[59] vgl. Rifkin 1995, S. 46f

[60] Rifkin 1995, S. 54

[61] J. J. Brown und E. Leaver in einem Artikel in dem Magazin „Fortune" aus dem Jahre 1946 mit dem Titel „Maschinen ohne Menschen" (zit. nach Rifkin 1995, S. 48).

[62] Rifkin 1995, S. 54

und Automatisierung sich nicht nur in den Fabriken[63], sondern auch in der Landwirtschaft[64] und zunehmend im Dienstleistungsbereich durchsetzt und weiterentwickeln wird. Auf dem Dienstleistungsbereich ruht aber die Hoffnung bundesdeutscher Denker und Politiker bei der Neuentstehung von Arbeitsplätzen[65]. Rifkin beschreibt anhand zahlreicher Beispiele, daß der Umbruch in diesem Bereich gerade erst angefangen hat. Inzwischen übernehmen Computer nicht nur Bürotätigkeiten wie Schreiben, Versenden, Korrigieren und Kopieren von Briefen[66], einfache Funktionen wie Auszahlungen mittels Bankautomaten, sondern längst Aufgaben des mittleren Managements wie Organisation und Verkauf[67] ebenso wie die des Personalmanagements[68]. Computer sind in scheinbar ureigenste Bereiche des Menschen wie Rechtsprechung und Medizin eingedrungen[69].

---

[63] „In nahezu allen wichtigen Industriezweigen wird die menschliche Arbeitskraft durch Maschinen ersetzt. Millionen von Menschen auf der ganzen Welt sehen sich durch arbeitssparende Technologien zunehmend an den Rand gedrängt. Mitte des nächsten Jahrhunderts wird es keine Arbeiter und Arbeiterinnen geben, sie werden alle der dritten industriellen Revolution und dem unbarmherzigen technischen Fortschritt zum Opfer gefallen sein" (Rifkin 1995, S. 107).

[64] „Die technologischen Durchbrüche der letzten Zeit [automatische Pflückmaschinen, Computerprogramme zur Überwachung in der Agrar- und Tierwirtschaft, Biotechnologien zur fabrikmäßigen Herstellung bis hin zu Zellkulturen; Anm. d. Verf.] versprechen für die landwirtschaftliche Produktion Produktivitätszuwächse und Arbeitseinsparungen historischen Ausmaßes. (...) Hunderte Millionen von Bauern auf der ganzen Welt werden vom wirtschaftlichen Kreislauf für immer ausgeschlossen werden. Die Marginalisierung könnte im nächsten Jahrhundert zu weltweiten sozialen Unruhen führen und die gesellschaftlichen und politischen Strukturen von Grund auf verändern" (Rifkin 1995, S. 96). und beispielhaft: BZ vom 11.10.1997 „Schräge Zitzen legen den Roboter lahm"; Zum Einsatz von Melkrobotern in Kuhställen und deren finanzielle Förderung durch Bund und Land heißt es dort: Der Einsatz lohne sich erst ab einer Betriebsgröße von 60 oder 70 Kühen, trotzdem will Bonn möglichst breitflächigen Einsatz des „möglicherweise wichtigsten Arbeitsmittels für die Milcherzeuger der Zukunft". Dies bedeutet eine Förderung von agrarischen Großbetrieben und weiterem Abbau von Arbeitsplätzen.

[65] vgl. Interview mit Rainer Brüderle vom 18.9.1997 in der BZ: „Weniger Qualifizierte in Arbeit bringen"; ebenso vgl. BZ vom 7.8.1997 „Putzen in Würde statt Ausbeutung und Demütigung": Dienstleistungszentren mit Festangestellten statt Schwarzarbeit sollen entstehen; vgl. BZ vom 25.9.1997 „Arbeit für Arbeitslose, Ökokaufhaus in Mannheim": Bericht über ein Recyclingkaufhaus als innovatives Projekt des zweiten Arbeitsmarktes; ein Dienstleistungsunternehmen für Reinigungsarbeiten und Kinderbetreuung steht kurz vor der Angliederung.

[66] Frauen werden auch hier wieder die ersten Opfer der technologischen Erneuerungen sein (vgl. Rifkin 1995, S. 113).

[67] vgl. Rifkin 1995, S. 116ff

[68] vgl. Rifkin 1995, S. 114

[69] vgl. Rifkin 1995, S. 120f und persönliches Gespräch mit einem amerikanischem lawyer im Dezember 1995: Dieser erklärte, daß in dem amerikanischen System der Präzedenzfälle ein entsprechendes Computerprogramm auf eingegebene Stichworte eine Liste der in Frage kommenden Fälle zusammenstellen würde.

Die McKinsey-Unternehmensberater Lothar Späth und Herbert Henzler meinen, daß in Deutschland von den bestehenden 33 Millionen weitere 6 Millionen Arbeitsplätze wegfallen und die Arbeitslosenrate auf weit über 30% steigen würde, wenn der verfügbare Stand der Technik überall eingesetzt wird[70]. Daneben hat sich weltweit die japanische Methode des „lean management" und der „eingeebneten Hierarchien" durchgesetzt[71], die unter dem Stichwort der „Arbeitskultur der Kooperation, Partizipation und Diskursivität"[72] als positive Entwicklung dargestellt werden. Neben der nicht geringen Zahl derjenigen, die durch den mit „lean management" verbundenen Personalabbau arbeitslos werden, zitiert Rifkin Kritiker wie die Sozialwissenschaftler Dohse, Jürgens und Malsch, die meinen, die schlanke Produktion sei nichts anderes als die Potenzierung fordistischer Organisationsprinzipien bei weitgehend uneingeschränkter Managementmacht[73].

,   **„Arbeitslosigkeit oder Börsenkurse?"**   **Zeichnung Haitzinger**

Es sieht also eher so aus, als ob es weiter ein wirtschaftliches Wachstum geben wird, ohne daß dabei Arbeitsplätze neu entstehen werden[74]. Trotz oder wegen der guten Wirtschaftslage werden Arbeitsplätze abgebaut. Für die Finanzmärkte ist ein Abbau von Arbeitslosigkeit Auslöser für einen Einbruch der Aktien, denn

---

[70] vgl. Späth/Henzler zit. nach Negt 1995, S. 8

[71] vgl. Rifkin 1995, S. 67 und S. 72

[72] Gil 1997, S. 74

[73] vgl. Rifkin 1995, S. 129

[74] vgl. BZ vom 18.7.1997: „Wachstum ohne Arbeitsplätze" oder vgl. BZ vom 26.7.1997: „Weiter Wachstum ohne Beschäftigung". Laut dem Herbstgutachten 1997 der sechs führenden Wirtschaftsforschungsgutachten wird sich dieser Trend fortsetzen. Trotz eines Wachstums von real 2,8% 1998 werde die Zahl der Erwerbslosen auf 4, 42 Millionen ansteigen (vgl. BZ vom 29.10.1997 „Mehr Wachstum, weniger Arbeit").

reduzierte soziale Kosten erhöhen die Wettbewerbsfähigkeit der Unternehmen und damit den Börsenwert: „Eine für die Arbeit der Arbeitsgesellschaft gute Nachricht ist eine schlechte für die Börsenjobber der Geldgesellschaft"[75]. Viviane Forrester verweist ausführlich auf den Zusammenhang steigender Kurse bei Massenentlassungen und umgekehrt Panikverkäufen bei der „schlechten Nachricht" hoher Beschäftigungszahlen[76]. Eine Vollbeschäftigung, die weltweit seit Einführung der Lohnarbeit nie und in der BRD nur während einer kurzen Phase[77] existiert hat, wird es auch in Zukunft nicht geben. Gleichzeitig wird die Öffentlichkeit auf eine Akzeptanz noch höherer Arbeitslosenzahlen vorbereitet. So schreibt Horst Siebert, Präsident des Institutes für Weltwirtschaft, in einem Kommentar in der Frankfurter Allgemeinen Zeitung: „Politische Verantwortung macht es nötig, sich auf einen neuen Schub von Arbeitslosigkeit einzustellen"[78], da mit der nächsten Rezession ein Anstieg der Arbeitslosigkeit auf über fünf Millionen „keine Überraschung wäre". Er macht die Sozialpolitik für einen erheblichen Anstieg der Arbeitskosten und damit der Arbeitslosigkeit verantwortlich. Siebert meint, daß die durch gesteigerte „Entlassungsproduktivität" erzielten Gewinne von den Sozialkosten beansprucht und damit nicht investiert würden. Er ruft zu maßvoller Lohnpolitik auf, meint aber gleichzeitig, es würde trotzdem noch eine ganze Reihe von Jahren dauern, bis so die Arbeitslosigkeit zurückgehen würde[79].

2. 3 Virtuelle Realitäten

Neben den technischen Erneuerungen der Arbeitswelt findet eine Entkoppelung von herstellender Ökonomie und Anlagekapital statt, die zu einer weiteren Ablösung von Wirtschaft aus regionalen Bezügen führt. Mit der weltweiten Herstellung von Produkten lösen sich transnationale Konzerne aus lokalen Gebundenheiten, sind aber durch Produktion und Vermarktung der hergestellten Waren an Käufer gebunden. Diese werden global gesucht und bedient. Aber auch die transnationalen Konzerne geraten unter einen globalen Renditedruck, eine Entwicklung, die durch die globale Vernetzung mittels moderner Informationstechnologien ermöglicht worden ist. Die Menge des freiflottierenden Anlage-

---

[75] Fabrik Rundbrief 1997, S. 15

[76] vgl. Forrester 1997, S. 151f

[77] Von 1960 (270.700 Arbeitslose) bis hin zu einem Tiefstand von 1965 (147.000) bis hin zum Jahre 1973 waren es 13 Jahre, bei der die Arbeitslosenzahlen unter 500.000 lagen. Schon 1975 waren es mehr als eine Million gemeldete Arbeitslose und die Zahl ist, trotz aller Schönrechnungen, seitdem ziemlich stetig gestiegen. Seit dem September 1981 beträgt allein die Zahl der Langzeitarbeitslosen durchgängig mehr als 500.000 (vgl. Bach 1996, S. 4ff und vgl. Grafik S. 7).

[78] Siebert in einem FAZ Kommentar vom 29.8.1997 „Die nächste Rezession kommt bestimmt"

[79] Siebert in einem FAZ Kommentar vom 29.8.1997 „Die nächste Rezession kommt bestimmt"

kapitals wird immer größer. Dieses Kapital sucht sich weltweit die besten Anlegemöglichkeiten, so daß Unternehmen gezwungen sind, hohe Renditen auszuweisen, um an Kapital zu kommen. Die Höchst AG soll 1997 15% Gewinn nach Abzug der Steuern erwirtschaften, andere Unternehmen peilen noch viel höhere Gewinne an[80] und erreichen diese auch[81]. Amerikas größte Fondsgesellschaft, Fidelty Investment, verwaltete 1995 umgerechnet rund 630 Milliarden DM, deutlich mehr als der bundesdeutsche Finanzminister[82]. Der Druck des globalen Finanzmarktes bewirkt, daß die renditeorientierten Interessen der shareholder zumindest für die transnationalen Konzerne wichtiger werden als eine Verantwortlichkeit gegenüber Arbeitnehmern, Zulieferern, Kunden sowie Politik und Öffentlichkeit. Bei der fortschreitenden Monopolisierung[83] bleibt den Betroffenen oft keine Ausweichmöglichkeit mehr. Die Arbeitskosten sind in Zeiten der Nachfrageschwäche die maßgebliche Möglichkeit einer Kostenreduzierung, um den renditeorientierten Interessen der Anleger gerecht zu werden[84]. Eine andere Folge von Monopolisierungen ist das zurückgehende Angebot an Arbeitgebern, das heißt, der einzelne Arbeitnehmer hat immer weniger Möglichkeiten auszuwählen, für wen er arbeiten will.

Die wirklichen virtuellen Realitäten gehen aber darüber hinaus. Etliches spricht dafür, daß sich der Markt der monetären von der realen Ökonomie längst abgekoppelt hat. Der Handel mit Waren und Dienstleistungen macht nur noch ein Prozent der Finanztransaktionen weltweit aus. Der tägliche Umsatz liegt bei über 1.200 Milliarden Dollar[85], während das Bruttosozialprodukt der Bundesrepublik 1996 geschätzte 3.506 Milliarden DM beträgt[86]. Der Bestand an Derivaten steigerte sich von 1.300 Milliarden Dollar 1987 auf 14.000 Milliarden Dollar 1993, was mehr als die Summe des gesamten Sozialprodukts der USA, Japans, der BRD und Englands in diesem Jahr war. Für die Zirkulation des Welthandels würden täglich 10 Milliarden Dollar ausreichen, gehandelt wurden 1993 aber

---

[80] vgl. Fabrik Rundbrief 1997, S. 15

[81] vgl. BZ vom 30.7.1997: „1997 wird wieder ein Rekordjahr"

[82] vgl. Fabrik Rundbrief 1997, S. 15

[83] vgl. Liedtke 1993, S. 7f

[84] Klaus-Dietrich Bedau vom Deutschen Institut für Wirtschaftsforschung (DIW) ist erstaunt darüber, daß gerade in den Ländern, in denen die Arbeitskosten zurückgegangen sind, die Arbeitslosigkeit besonders stark angewachsen ist. Laut einer Studie des DIW nimmt der Anteil der Arbeitskosten an der Wertschöpfung in allen westlichen Industrienationen inklusive Japan und den USA ab. Die Einkommen aus Unternehmertätigkeit und Vermögen in der BRD ist seit Beginn der 80er Jahre um 120% gewachsen, die der Erwerbstätigen um 80% (vgl. BZ vom 2.12.1997 „Arbeitskosten nehmen ab"). Anders ausgedrückt sind die Unternehmergewinne mit der Entlassung von Arbeitnehmern angestiegen.

[85] Zahlen zit. nach Fabrik Rundbrief 1997, S. 15

[86] vgl. Statistisches Taschenbuch 1997, Bundesministerium für Arbeit und Sozialordnung

3.680 Milliarden Dollar täglich[87]. Die Finanzwelt betreibt eigene globalisierte Geschäfte, die wenig realen Bezug mehr zu Waren und Dienstleistungen haben. 99% der Geschäfte sind Spekulation und Arbitrage[88], die Ausnutzung regionaler Preis- und Kursunterschiede an den weltweit vernetzten Börsen - virtuelle Realitäten. Die real-time-information verändert fundamental die Situation der Märkte. Via Internet gibt es eine weltweit und just in time 24 Stunden offene Börse. Allein die Deutsche Bank konnte im ersten Halbjahr 1997 im Handel mit Devisen, Wertpapieren und Edelmetallen einen Ertrag von über zwei Milliarden DM erwirtschaften, mehr als im gesamten Jahr 1996[89]. Die Gefahr eines Zusammenbruchs dieses sich völlig überproportional entwickelnden Marktes oder Teilsystemen davon ist gegeben. Diese Abkoppelung ist aber nicht total: Kurseinbrüche sowohl bei Derivaten als auch bei Unternehmensaktien müssen irgendwann wieder gedeckt werden, beziehungsweise führen zu Konkursen, die sehr reale Auswirkungen auf die betroffenen Arbeitnehmer haben. Gecrashte Großbanken werden von der öffentlichen Hand unterstützt, diese Gelder fehlen der Bevölkerung[90].

Anonyme weltweit operierende Kapitalfonds entziehen sich fast jeglicher Kontrolle. Auch das Leben derjenigen, die von den Kapitaleinkünften leben können, wird anders; als „global players" sind sie nicht mehr auf politisch definierte Territorien angewiesen. Die global players brauchen ebenso wie die oben angesprochenen Symbolanalytiker der dritten industriellen Revolution, die die neuen Technologien entwickeln und kontrollieren, die große Masse der restlichen Weltbevölkerung nicht mehr. Jeremy Rifkin zitiert den US-Arbeitsminister Robert Reich, der der Ansicht ist, im schlimmsten Fall würden sich die Symbolanalytiker „in noch isoliertere Enklaven zurückziehen und lieber dort ihre Mittel gemeinschaftlich anlegen, als sie mit den Amerikanern draußen im Lande zu teilen. [...]

---

[87] vgl. Fabrik Rundbrief 1997, S. 19

[88] vgl. Fabrik Rundbrief 1997, S. 19

[89] vgl. Rolf Obertreis in der BZ vom 30.7.1997 „1997 wird wieder ein Rekordjahr": Der Artikel endet mit: „Die einzige Negativziffer bei den Banken steht im übrigen weiter hinter der Rubrik Arbeitsplätze. Im Vergleich zu Ende 1996 waren es Ende Juni 1997 bei den fünf großen Geldhäusern schon wieder 1900 Jobs weniger - weltweit. In Deutschland selbst sind noch weitaus mehr Stellen weggefallen."

[90] Japans Bankenkrise im November 1997: Nach konservativen Schätzungen soll es bei den Banken „faule" Kredite im Wert von über 250 Milliarden Dollar geben. Der japanische Finanzminister meint, daß der angeschlagene Bankensektor nur mit der Infusion von öffentlichen Geldern gerettet werden kann (vgl. taz vom 18.11.1997 „Furcht vor Japans Schwäche wächst"). Ein dreiviertel Jahr später hat sich diese Summe nach einer Auflistung der Hamburgischen Landesbank auf 1280 Milliarden Mark fauler Kredite bei den 19 größten Geldhäusern Japans erhöht. „Die Banken bekommen wegen ihrer angeschlagenen Kreditwürdigkeit international kein frisches Geld mehr. [...] In der Folge gibt es Konkurse und Entlassungen, die Binnennachfrage schrumpft und das Volumen der faulen Kredite wächst weiter" (vgl. Wolf Pampel in der BZ vom 19.8.1998 „Gefährliche Mischung").

Die Gemeinden und städtischen Enklaven, in denen sie residieren, und die symbolanalytischen Zonen, in denen sie arbeiten, hätten keine Ähnlichkeit mehr mit dem Rest von Amerika, noch würde es irgendwelche Verbindungen geben"[91]. Reich meint weiter, daß das Steueraufkommen und die Investitionen zum Wohle der Allgemeinheit sinken würden. „Durch ihre globalen Verbindungen, ihre guten Schulen, ihren komfortablen Lebensstil, ihre ausgezeichnete Gesundheitsfürsorge und ihren Überfluß an Wachpersonal vom Rest der Bevölkerung abgesetzt, würden die Symbolanalytiker ihre Sezession von der Union vervollständigen"[92].

Die privatwirtschaftlichen transnationalen Gruppen beherrschen mehr und mehr die staatlichen Kontrollinstanzen. Dies erfolgt durch den Umweg über Organisationen wie der Weltbank, dem Internationalen Währungsfond (IWF) und die Organisation für wirtschaftliche Zusammenarbeit und Entwicklung (OECD). Häufig haben die privatwirtschaftlichen Mächte die Staatsschulden unter ihrer Kontrolle, wodurch eine Abhängigkeit der Administrationen entsteht[93]. Der IWF setzt sich gegen den Willen vieler Entwicklungsländer für eine weitere Liberalisierung der Finanzmärkte ein. Der IWF-Direktor Camdessus meinte auf der Jahrestagung 1997: „Statt Devisenhändler wie Verbrecher zu behandeln, sollten die betroffenen Staaten lieber die Schwächen ihrer Wirtschaft beheben". Freie Kapitalmärkte brächten seiner Meinung nach mehr Wohlstand, Geschäftschancen und Investitionen[94]. Die Liberalisierung und Deregulierung führt zu einer Entgrenzung der Politik. Förderung und Sicherung des wirtschaftlichen Aufschwungs verlagert das politische Gestaltungsprimat aus dem politisch-demokratischen System in den demokratisch nicht legitimierten Zusammenhang ökonomischer und wissenschaftlich-technischer Nichtpolitik. Ulrich Beck spricht in diesem Zusammenhang von einer „Revolution im Gewande der Normalität, die sich demokratischen Zugriffsmöglichkeiten entzieht, aber von den demokratischen Instanzen gegenüber einer kritisch werdenden Öffentlichkeit gerechtfertigt und durchgesetzt werden muß"[95].

Um einen geschichtlichen Vergleich zu ziehen: Die „Kaste" der Adligen zu Zeiten des französischen Absolutismus brauchte die Bauern und Abhängigen als Masse um Heere aufstellen, Schlösser bauen und Steuern kassieren zu können. Die „Kaste" der Symbolanalytiker im High-Tech-Zeitalters ist mit zunehmender Technisierung auf all dies nicht mehr angewiesen. Sie kann autonom und ohne Legitimation oder Rechtfertigung gegenüber dem restlichen Teil der Weltbevölkerung existieren. Diese stellt eher eine Bedrohung für die Symbolanalytiker dar,

---

[91] Reich zit. nach Rifkin 1995, S. 143

[92] Reich zit. nach Rifkin 1995, S. 143

[93] Forrester 1997, S. 41f

[94] vgl. BZ vom 26.9.1997 „IWF für weitere Liberalisierung"

[95] Beck 1986, S. 305

da die große Masse Mensch sich vermehrt, Ressourcen verbraucht, Auto fährt und Umweltschäden anrichtet. Allerdings läßt ein solcher Vergleich die Rolle der Masse als gewinnbringende Konsumenten außer acht.

Analog zu den „Symbolanalytikern" könnten sich die flexiblen Geldbesitzer aus der nationalstaatlich organisierten Solidargemeinschaft in eine globalere Clubgemeinschaft verabschieden. Sie sind nicht an bisher bestehende soziale Verantwortungen gebunden, da sie in einer anderen, virtuelleren Realität leben[96]. Diese Entwicklung wird an den Knotenpunkten des globalen Finanznetzes ebenso wie in den High-Tech-Enklaven vorangetrieben. Auf globaler Ebene gibt es in diesen Bezügen keine Kontrollfunktion. Trotz der Entbettung der Weltökonomie von lokalen sozialen und politischen Zusammenhängen bestimmen diese wesentlich über die Lebensbedingungen weltweit. Durch die Ausrichtung auf maximale Rendite im realen und virtuellen Handel werden soziale Standards abgesenkt, Arbeitslosigkeit massiv ausgeweitet und Menschen Kontrolle über ihre Situation genommen.

Die in den letzten beiden Abschnitten beschriebenen Zustände sind Fortschreibungen jetziger Entwicklungen, allerdings sehr negativer Art. Inwieweit diese eintreffen werden oder schon eingetroffen sind und auf welchen Ebenen, läßt sich, auf gesamtgesellschaftliche Ausmaße bezogen, empirisch schlecht feststellen. Viviane Forrester meint in ihrem vielbesprochenen Buch „Der Terror der Ökonomie", daß sich eine „Stille Revolution" zur „Nacharbeitsgesellschaft" schon vollzogen hat, daß es aber im Interesse von Herrschenden liegt, diese Tatsache zu verschleiern, um die Ausbeutung weiter fortsetzen zu können. Sie plädiert dafür, endlich von dem überkommenen Modell Beschäftigung abzulassen. Diejenigen, die nicht beschäftigt werden können, sollen wenigstens - im Sinn von Recht und Würde des Einzelnen - soweit respektiert und aus dem nicht mehr existierenden Arbeitsmarkt entlassen werden, daß sie ihr Elend selbst gestalten dürfen[97]. Ob diese Einschätzung zutrifft und wie ein solches Leben aussehen könnte, wäre ebenso zu diskutieren, wie Rifkins These von der Entstehung einer Kaste von Symbolanalytikern und deren Abspaltung vom Rest der Gesellschaft, die mit bürgerkriegsähnlichen Zuständen darauf reagiert. Sozialarbeit sollte sich auf jeden Fall mehr als bisher mit den ökonomischen Gegebenheiten von Lebenswelten auseinandersetzen, da diese mehr denn je zu wesentlichen Voraussetzungen für alle Arten von Hilfestellung werden dürften.

---

[96] Die traditionsreiche britische Baring-Bank wird 1995 von ihrem wichtigsten Mann an der Börse von Singapur in die Pleite spekuliert. Nick Leeson hinterläßt seinem Arbeitgeber 1, 5 Milliarden Mark Schulden und einen Zettel mit der Aufschrift: „I am sorry" (vgl. Schmidt 1997, S. 24).

[97] Forrester 1997, S. 207

„Ach ja, die übliche Herbstbelebung"   Zeichnung: Haitzinger

Arbeitslosigkeit wird durch simple soziale Fakten weiter ansteigen: Die Weltbevölkerung wächst und in den westlichen Industrienationen wächst mit der Zahl
der Frauen, die auf den Arbeitsmarkt kommen, der Anteil derjenigen, die eine
Lohnarbeit haben wollen und darauf aus Gründen der Unterhaltssicherung auch
angewiesen sind. Dies bedeutet, daß es in Zukunft noch mehr Arbeitslose geben
wird, daß sich der Anteil der dauerhaft aus der Erwerbsarbeit ausgeschlossenen
Menschen erhöht sowie die Zahl der als arm zu bezeichnenden Menschen in
Europa und der Bundesrepublik steigen wird. Damit wird die Problematik der
Erwerbslosigkeit mit ihren materiellen, stigmatisierenden und ausgrenzenden
Folgen für die Betroffenen zu einem genuinen Betätigungsfeld für Sozialarbeit[98].
Daneben böte sich hier die Möglichkeit, über die Organisierung von und in
Projekten emanzipativ und nicht nur reaktiv zu arbeiten.

---

[98] Zumindestens einer Sozialarbeit, die sich nicht als „white collar"-Sozialarbeit der therapeuti-
schen Betreuung des Mittelstandes zuwendet oder betriebliche Motivationsarbeit macht und
sich auf Qualitätsdiskussionen beschränkt. Eckart Hammer, Fortbildungsreferent an der Diakonischen Akademie Stuttgart meint dazu: „Soziale Arbeit muß mehr sein als Wirtschaftlich-
keit, Effizienz und Lean-Production, muß mehr bieten als Hotelservice und Kundendienst: In
einer Zeit, wo das Wegschauen vom wachsenden Elend normal wird, wo alte Leistungsideo-
logie fröhliche Urstände feiert, muß sich Sozialarbeit ihres Auftrages besinnen: Dazusein
gerade für die, die dem Diktat von Ökonomie, Konkurrenz und Effizienz nicht (mehr) gerecht
werden können, die als Klienten anwaltliche Beistandschaft, als Anvertraute Parteilichkeit, als
Schutzbefohlene Verteidigung brauchen" (Hammer 1995, S. 50).

3. Zeit als strukturierendes Element

Arbeitslos sein heißt - neben vielen anderen Aspekten - ein Mehr an „freier" Zeit zu haben. Dies führt aber anscheinend nicht unbedingt zu einem Mehr an Lebensqualität, sondern bei vielen Betroffenen zu dem Gefühl, Zeit „totschlagen" zu müssen[99]. Wieso scheint es so schwierig zu sein, das Mehr an freier Zeit sinnvoll zu nutzen, vor allen Dingen in einer Gesellschaftsform, in der Zeitstreß eine Alltagserscheinung ist? Da das Thema dieser Arbeit sinnvolles Leben ohne Erwerbsarbeit heißt, stellt sich die Frage, was die Zeit und das System Erwerbsarbeit miteinander zu tun haben.

3.1 Was ist Zeit? Soziologische Definitionen

„Arbeitszeitverkürzungen rühren an den Grundfesten des Herrschaftssystems"[100]. So die Überschrift des ersten Kapitels des Buches „Lebendige Arbeit, Enteignete Zeit" von Oskar Negt[101], in dem er auf die politische Dimension des Kampfes um Arbeitszeitverkürzungen hinweist. Die Arbeitsgesellschaft ist über ein bestimmtes Zeitverständnis festgelegt, welches von den Gewaltstrukturen[102] der Arbeitsgesellschaft geprägt worden ist. In dem Zeitverständnis einer Gesellschaft spiegelt sich ihre Struktur wider. Das Zeitverständnis der Arbeitsgesellschaft beeinflußt wesentlich die Lebenswelten der Menschen in dieser Gesellschaft. Ein anderer Umgang mit Zeit könnte umgekehrt ein neues Verständnis von Arbeit schaffen.

„Zeitformen entstehen als Erfahrungsmodalitäten und Erfahrungsdimensionen mit und an erfahrbaren Inhalten und Ereignissen, die sozialer Art und historisch induziert sind. Die (individuelle und kollektive) Zeitwahrnehmung ist immer inhalts- und ereignisgebunden und deswegen auch auf bestimmte soziokulturelle und geschichtliche Situationen oder Konstellationen bezogen"[103].

Da sich die Arbeitsgesellschaft - wie im ersten Kapitel aufgezeigt - in einem Umbruch befindet, verändert sich auch das Zeitverständnis. Einige Aspekte der derzeitigen Umbruchsituation lassen sich anhand des Aspektes Zeit gut aufzeigen. Bevor konkret auf die Zusammenhänge von Zeit, Macht und Lebenswelten im Kontext von Arbeitslosigkeit eingegangen wird, soll kurz das soziologische Zeitkonzept dargestellt werden, auf dem die folgenden Überlegungen aufbauen.

---

[99] vgl. Kaiser 1991, S. 109

[100] vgl. Negt 1987, S. 19

[101] Negt 1987

[102] Der hier verwendete Gewaltbegriff bezieht sich auf die von Hannah Arendt in ihrem Buch „Macht und Gewalt" gegebene Definition (vgl. Arendt 1970, S.47).

[103] Gil 1997, S. 42

„Zeit soll als symbolische Sinnstruktur aufgefaßt werden, mit deren Hilfe die Welt begriffen und geordnet werden kann. Sie ist soziologisch als intersubjektive Konstruktion der Wirklichkeit anzusehen, mit deren Hilfe wir natürliche und soziale Ereignisse ordnen. Diese intersubjektive Zeit muß unterschieden werden von der rein >subjektiven< Zeit psychischer Systeme und ist auch nicht identisch mit der >objektiven< Zeit im Sinne einer chronologischen Zeitordnung; letztere ist vielmehr nur ein Aspekt der sozialen Zeit"[104]. In ihrem Buch „Wem gehört die Zeit?" zeigt Ruth Simsa, wie sich der Zeitbegriff durch die Geschichte verändert hat, bis hin zu der oben angeführten Definition, die sie als die heute allgemein anerkannte Grundannahme eines soziologischen Zeitkonzepts bezeichnet. Auf eine ausführliche Darstellung und Begründung soll hier verzichtet werden, da diese den Rahmen der Arbeit überschreiten würde.

Eingegangen werden soll nur auf den Aspekt der Systemgrenzen, wobei sich der Ansatz auf Luhmanns Theorie sozialer Systeme bezieht. In seiner Systemtheorie betrachtet Luhmann die Zeitdimension als primäre Kategorie, durch die soziale Systeme erst begreifbar werden. „Zu den notwendigen Strukturen einer Welt gehört eine gewisse Trennung von zeitlichen, sachlichen und sozialen Dimensionen des Erlebens im Sinne einer relativen Invarianz der einzelnen Dimensionen gegen Veränderungen in den anderen"[105]. Systeme werden über ihre Grenzen definiert. Systeme entstehen durch Reduktion von Komplexität durch die Ausgrenzung spezifischer Bezugsprobleme. Dabei spielt Zeit als eine der drei Dimensionen von Komplexität eine wesentliche Rolle. Systeme haben immer eine Umwelt, diese ist komplexer als das System. Systeme haben Bezugsprobleme ausgewählt. Da die Umwelt komplexer ist, können Ereignisse im System nicht vollständig mit Umweltereignissen abgestimmt werden. Systemgrenzen müssen also immer auch Zeitgrenzen sein, die es ermöglichen, Ereignisse in der Umwelt des Systems nach internen zeitlichen Strukturen zu verarbeiten. Bei diesem Prozeß entstehen systemspezifische Zeitstrukturen sowie ein begleitendes systemspezifisches Zeitbewußtsein[106]. Zeit bekommt damit einen zentralen Stellenwert in der sozialen Theorie, „... denn zeitliche Kontinuität und zeitliche Synchronisation von Handlungen im Handlungssystem werden zu einem Grundproblem sozialen Handelns"[107]. In allen Gesellschaften gab und gibt es Zeitordnungen, die sich als Weltzeit an den Zeitkonzepten der Systeme als übergreifendes Ordnungsmuster orientieren. Mit größerer Komplexität der einzelnen Subsysteme und der Vernetzung einer Gesellschaft wächst der Bedarf an einem abstrakten, kontextfreien Zeitbegriff. Dieser Zeitbegriff materialisiert sich in

---

[104] Bergmann 1981 zit. nach Simsa 1996, S. 22f

[105] Luhmannn 1971 zit. nach Simsa 1996, S.20

[106] vgl. Simsa 1996, S. 20f

[107] Bergmann 1988, zit. nach Simsa 1996, S. 20

Kalendern, zentral gesteuerten Funkuhren und in Atlanten festgelegte Zeitzonen. Der Prozeß gesellschaftlicher Produktion und Reproduktion hat kollektiven Charakter und muß daher synchronisiert werden. Dazu dient ein allgemein gültiger zeitlicher Rahmen, dessen Akzeptanz wiederum mittels zeitlicher Normen erreicht wird. Normen sind ein wesentliches Element des zeitlichen Bewußtseins von Gesellschaft. Sie sind das Bindeglied zwischen soziokulturell bestimmter zeitlicher Organisation der Gesellschaft und den Lebenswelten ihrer Mitglieder. Dispositionsmöglichkeiten über Zeit sind daher entscheidend für soziale Stellung und „... sozialer Schlüssel für die Organisation des Alltags"[108].

Zeit ist einmal die Eigenzeit des Systems Subjekt und anderseits die Zeit des Metasystems Umwelt. Fürstenberg[109] spricht von subjektiver und objektiver Zeit, dies soll übernommen werden.

Objektiv erfahrene Zeit sind die zeitlichen Raster und Vorgaben, die jenseits von Wunsch und Gefühl des Individuums stehen. Dies hat einen quantitativen Aspekt: Zeit zum Einkaufen ist nur begrenzt vorhanden (durch Ladenöffnungszeiten[110]), ebenso wie Zeit zum Arbeiten (durch die gesetzlichen Regelungen von Lebens-arbeitszeit und historisch gewachsenen Verboten wie dem der Sonntagsarbeit). Aber auch einen qualitativen Aspekt: Eine „zügige Erledigung" einer Aufgabe ist im Kontext der herrschenden Arbeitskultur die Aufforderung zu einem Arbeits-tempo, welches z. B. einem Yahi-Indianer vollkommen unangemessen vorkom-men würde[111]. Würden wir dagegen eine Zeitbemessung, wie sie bei Akkord-arbeit gefordert und belohnt wird, auf Kindererziehung übertragen, würden wir als dysfunktionale Eltern abqualifiziert.

---

[108] Müller-Wichmann 1984 zit. nach Simsa, S. 32

[109] Fürstenberg 1986 zit. nach Simsa 1996, S. 32

[110] An der Diskussion um die Ausweitung der Ladenöffnungszeiten zeigt sich der stark norma-tive Faktor von objektiver Zeit. Ladenöffnungszeiten sind schon länger durch Tankstellenver-kauf u. ä. unterlaufen worden. Die Befürworter machten auf höheren Umsatz und ein Mehr an Dienstleistung aufmerksam, die Gegner auf die rapide Schlechterstellung durch Schaffung von 610-Mark-Jobs anstelle von Vollzeitstellen, was zu Ungunsten vor allem von Frauen erfolgen würde. Aber die Veränderung betrifft neben allen rationellen Argumenten eben auch die Zeit-struktur des Alltags der Menschen. Ein Beispiel: Keine Verkäuferin, die bis 20 Uhr arbeitet, kann die Tagesschau sehen oder ihr Kind zu den bisherigen Zeiten zu Bett bringen. In Italien oder Frankreich ist es kein Problem, abends länger einzukaufen, aber dort herrschen andere zeitliche Normen, die sich in dem weniger geregelten Umgang mit Öffnungszeiten zeigen. Dort sind im Sinne einer Siesta die Läden mittags geschlossen, was mit den Normen, die sich u. a. aus anderen klimatischen Bedingungen ergeben, zu tun hat.

[111] Lang 1983, S. 128 ff

Objektiv erlebte Zeit bedeutet aber - trotz eines überindividuellen Kontextes - nicht für alle Mitglieder einer Gesellschaft das gleiche, sondern unterscheidet sich in Subsystemen der Gesellschaft. Es bestehen Lebenswelten[112]- und geschlechts- spezifisch große Unterschiede in gesellschaftlichen Zeitnormen und deren Um- gehbarkeit. Schmahl meint, daß derjenige der gegen Zeitnormen verstößt, nach den Vorstellungen industrieller Gesellschaften außerhalb jeglicher Normen liegt. „Nicht rein zufällig zählen Gruppen, die einen auffällig abweichenden Tages- rhythmus haben - Studenten, Rentner, Arbeitslose - nicht zum Kern der Gesell- schaft"[113].

Subjektive Zeit wird in Auseinandersetzung mit gesellschaftlichen Zeitvorgaben angeeignet und überformt, ist also nicht individuell, sondern soziokulturell geprägt. Subjektive Zeit ist eng an den Lebenssinn verknüpft. So ist die individu- ell erlebte Zeit eines Sterbenden anders als die eines Arztes in der Hektik eines Stationsalltages. Subjektive Zeitwahrnehmung hat mit dem Prestige von an Zeit- vorgaben geknüpften Tätigkeiten zu tun. Zeitbewußtsein ist nötig zur Interpreta- tion von Ereignissen und Abläufen, zur Sinnsuche bei der Auswahl der individu- ellen Handlungen. Andererseits stellt es „auch eine umfassende und kaum mehr reflektierte Restriktion menschlichen Handelns und Erlebens dar"[114]. Diese internalisierten Normen der Zeitwahrnehmung sind relativ unaufdringlich, aber gleichmäßig, allgegenwärtig und unentrinnbar[115].

---

[112] Simsa spricht von schichtspezifischen Unterschieden. In der Soziologie findet eine noch nicht beendete Diskussion um die Definition von Klasse, Schicht und Milieu statt, der aus dem Weg gegangen werden soll. In dieser Arbeit wird sich daher weitestgehend auf den Ansatz der Lebenswelten bezogen. Mit Lebenswelt wird in der sozialen Arbeit heute überwiegend die alltägliche Wirklichkeitserfahrung eines verläßlichen, soziale Sicherheit und Erwartbarkeit bietenden, primären Handlungszusammenhanges bezeichnet (vgl. Fachlexikon der sozialen Arbeit 1993, S. 614f).

[113] Schmahl 1988, zit. nach Mogge-Grotjahn 1990, S. 87

[114] vgl. Simsa 1996, S. 37

[115] vgl. Elias 1988 zit. nach Simsa 1996, S.37

3. 2 Zeit und Gewalt im Industriezeitalter

Der Beginn des Industriezeitalters war wesentlich mit der Einführung eines neuen Zeitverständnisses verbunden. Michael Foucalt beschreibt Praktiken und Techniken, anhand derer ein neuer, für die mit dem Fabriksystem entstehende Arbeitsgesellschaft, notwendiger Menschentypus, geschaffen wird. In dem Buch „Überwachen und Strafen" macht er den Vergleich der Disziplinierungen von Mönchen zu denen in einer Fabrik Beschäftigten. Die Disziplinierung erfolgt im wesentlichen über die Mikroorganisation von Zeit in einem festgelegten Raum durch:

1) Quantifizierung und Trennung verschiedener Zeiten voneinander (die Zeit des Betens, die Zeit des Arbeitens, die Zeit der Erholung: Dieser monastischen Aufteilung würde Arbeitszeit, Reproduktionszeit und Freizeit entsprechen);

2) Aufteilung und Festlegung der zu verrichtenden Tätigkeiten in minutiös zergliederte Arbeiten;

3) Zyklische Wiederholungen der Tätigkeiten, deren Repetition einen bestimmten Lebensrhythmus als Machtstrategie durchsetzt[116].

Dieses Disziplinierungsmodell der Mönche wird im Fabrikraum und anderen Einrichtungen der bürgerlichen Arbeitsgesellschaft[117] angewendet, verschärft und perfektioniert. Dadurch verändern sich Zeit- und Raumauffassungen der Menschen und das Vergesellschaftungsmodell als solches. Die von Adam Smith so eindrücklich beschriebene Arbeitsteilung[118], die Produktivität überproportional ansteigen läßt, wird ermöglicht. Dafür fallen Eigenschaften von Arbeit wie Eigenverantwortlichkeit, Kreativität[119], Selbstorganisation und Aufteilung der Arbeitszeit nach biologischen und jahreszeitlichen Gegebenheiten weg. Arbeitskraft in ihrer neuen Funktion läßt sich in der Regel nur durch Zeiteinheiten bestimmen und damit marktfähig anbieten, daher „müssen die Vermittlungsleistungen des Arbeitsmarktes zentral darauf hinauslaufen, Konsense über Zeitverwendungen herzustellen"[120].

---

[116] Michael Foucalt 1975, zit. nach Gil 1997 S. 39f

[117] Harald Rein liefert ein anschauliches Beispiel aus den Anfängen der Sozialarbeit: „Werfen wir einen Blick auf das Amsterdamer Arbeitshaus Anfang des 17. Jahrhunderts. Dort >>... bekämpfte man z. B. die Abneigung gegen die Arbeit in der Weise, daß der Arme bei Arbeitsverweigerung in ein Verlies gesperrt wurde, in das man nach und nach Wasser einließ; um sich vorm Ertrinken zu retten, mußte der Gefangene ohne Unterlaß eine Pumpe betätigen. Das hielt man für eine wirksame Methode, die Faulheit zu überwinden und die Leute an die Arbeit zu gewöhnen<<" (vgl. Rein 1998, S. 9).

[118] vgl. Gil 1997, S. 36ff

[119] vgl. Pirsig 1988, S. 170ff

[120] Vrobuba 1989, zit. nach Simsa 1996, S. 72

„In der Koordination der menschlichen Arbeitskraft mit dem von der Maschine bestimmten Arbeitsrhythmus gewinnt Zeit eine neue Bedeutung. An diese Zeit sind die menschlichen Bedürfnisse anzupassen, nach ihr sind die gegenwärtigen und zukünftigen Wünsche auszurichten"[121]. Den Individuen boten sich in der vorindustriellen Epoche andere Einteilungsmöglichkeiten von Zeit, die sich mehr an ökologischen und menschlichen Bedingungen orientierten und in ihren Abläufen freizügiger und damit gestaltbarer waren.

Das Wirtschaftssystem der griechischen Polis war in das politische Leben eingebunden. Es wurde im Dienste der Autarkie des Gemeinwesens betrieben. Arbeit war produktives Tätigsein, welches seine Zielbestimmung außerhalb der Sphäre der Produktion hatte[122]. Ökonomisches produktives Tätigsein war verankert in einem „größeren Ganzen gesellschaftlicher und politischer Natur"[123]. Es gab Arbeitsteilung und damit Zeitorganisation, aber sie diente nicht größerer Produktivität, sondern der Bedürfnisbefriedigung und Autarkie des Gemeinwesens[124]. Arbeitsteilung erfolgte über aus dem Alltag definierte Notwendigkeiten und nicht einer Zeitersparnis und größerer Produktivität wegen.

Mit der Einführung eines Systems, das sich nicht mehr an der Jenseitigkeit als Ziel des Lebens, sondern an der Zukunft als dem Verkaufsort von Waren orientiert, wird Zeit zum knappen Gut. Zeit wird aufgeteilt in Zeit, in der entlohnte Tätigkeiten - und zwar ausschließlich - zugelassen sind und in einen anderen Block, in der solche Tätigkeiten negativ sanktioniert werden. Die uns als selbstverständlich erscheinende Trennung zwischen Arbeitszeit und Freizeit entsteht. Zeitabschnitte als Grenzziehungen bekommen eine Bedeutung. Die Trennung von Erwerbsarbeit, die einem Zeitabschnitt entsprechend ist, findet auf der Ebene der Tageszeit, der Wochenzeit, der Jahreszeit und der Lebenszeit statt. Damit wird es möglich, Einteilungen durch Uhren, die auf Immanenz bezogen sind, einzuführen und als wesentliches Element in der Lebensgestaltung durchzusetzen. Mit dem System der lohnabhängigen Arbeit wird so etwas wie Berentung als eine Zeit, in der keine Lohnarbeit mehr geleistet werden muß, eingeführt. Institutionen wie die Armee setzen bestimmte - wiederum zeitlich begrenzte - Abschnitte, in der ein männlicher Bürger wehrfähig wird[125]. Institutionen wie Militär und Schule dienen

[121] Vogt 1986, zit. nach Simsa 1996, S. 66

[122] vgl. Gil 1997, S. 25

[123] Gil 1997, S. 22

[124] vgl. Gil 1997, S. 22

[125] Die Armee war treibende Kraft bei der Einführung der Schulpflicht und der Heraufsetzung des Arbeitsalters für Kinder. Kinder wurden durch schwere Arbeit z. B. in den Bergwerken so ausgebeutet, daß sie nicht mehr wehrfähig waren. Die Armee wiederum war wichtiges Disziplinierungsmodell und diente der Einübung von Strukturen, die für die Fabrikarbeit benötigt wurde. Dazu zählt die Akzeptanz von Außenlenkung durch Drill, die Abgabe von Eigenverantwortung an Hierarchien, eine fremdbestimmte Zeit- und Raumeinteilung wie ein frühes Aufstehen, wenig Schlaf und der Kaserne als dem vorgeschriebenen Aufenthaltsort.

gleichzeitig der Vermittlung der jeweiligen historisch entwickelten Zeitnorm und damit, von der Epoche der Industrialisierung bis heute, der Internalisierung ökonomisierter abstrakter Zeit[126]. Mit dem Entstehen der kapitalistischen Produktionsweise verschwindet eine Ganzheitlichkeit von Arbeit.

„Mit der Abkoppelung von transzendentalen Mächten, im Ersetzen der Ewigkeit durch Endlichkeit, hat sich das Zeitbewußtsein einschneidend verändert. Das Wissen um die Endlichkeit, die Irreversibilität jeder Sekunde und die Endgültigkeit des Todes, dieses Bewußtsein ist der Triebsatz des modernen Lebens, seiner Hektik, Hast und Rastlosigkeit"[127]. Mit der Abhängigkeit der Arbeitsrhythmen von Maschinen und deren Auslastung - der fordistischen Produktionsweise - werden Tugenden wie Regelmäßigkeit und Pünktlichkeit eingeführt, die zur Disziplinierung der Arbeitenden beitragen sollen. Die Abkehr von der zyklischen Zeitlogik der Arbeitenden, „die dem Rhythmus von Schlafen und Wachen, Essen und Ausscheiden, Phasen der Leistungshöhen und Tiefen, der Lust und der Unlust etc. unterliegt"[128], wird unter massiven „terroristischen Zwangsmaßnahmen"[129] den Arbeitenden aufgezwungen. Dies geschah unter anderem durch die Trennung der Bauern von ihren Subsistenzquellen durch Gesetzgebung und durch die Verdrängung der freien kleinen Bauern durch Großgrundbesitzer. Diese besitzlose Landarbeiterschaft war gezwungen, sich ihren Lebensunterhalt in den neuerrichteten Fabriken zu verdienen[130]. Die Auflösung der bis dahin gegebenen sozialen Strukturen und die Ausbeutung führte zu dem Elend des Frühkapitalismus[131].

---

[126] vgl. Karsten 1992, S. 149

[127] Gross 1988, S. 154

[128] Vrobuba 1983, zit. nach Simsa 1996, S. 69

[129] Zoll 1988, zit. nach Simsa 1996, S. 69

[130] vgl. Simsa 1996, S. 69; Negt verweist: „Wir wissen, daß die Anfangsgeschichte der Verinnerlichung des Arbeitszwanges mit Blut und Feuer in die Annalen der Geschichte eingeschrieben ist. 72.000 Menschen, die ihre Handwerksbetriebe verloren hatten und die das Vagabundendasein der trostlosen Arbeit in den neuentstandenen Manufakturen vorzogen, hatte Heinrich VIII. um 1530 aufhängen lassen, (...)" (Negt 1987, S. 41). Dr. Wolf Klehm bringt folgendes Beispiel aus derselben Ära: „Ordnungspolitisch hieß das, wenn man einen von diesen Nicht-Arbeitenden erwischte, dann konnte man sich den einfangen und konnte den auf dem Hof an die Arbeit tun. Man mußte ihn nur zu Martini freisetzen und mußte ihm Taler mitgeben und gegebenenfalls eine neue Hose und ein Paar neue Schuhe. Die, die sich dieser Arbeit entzogen, die wurden sichtbar gemacht, indem man ihnen schnell mit dem Küchenmesser einen Schnitt ins Ohr machte. Daher kommt das berühmte 'Schlitzohr'. Die konnte man jederzeit sehen, da war einer, der sich kundig der Arbeit entzog" (vgl. Klehm 1997, S. 5 in: ZWAR - Jahrbuch 1997).

[131] Einige Beschreibungen des Elends in den Städten finden sich in: Fischer Weltgeschichte „Das Bürgerliche Zeitalter", S. 156ff und S. 213ff

3. 3 Arbeitslosigkeit und Zeitstrukturen

„Herrschaft besteht in der Mikroorganisation von Raum und Zeit"[132]. Arbeitslos zu werden bedeutet eine plötzliche, meist ungewollte Veränderung, denn die Zeitstrukturierung durch Arbeitszeit an sich und auch die Aufteilung dieser fällt weg. Gleich „zeit" ig leben Arbeitslose nach wie vor in der Zeitkultur der Arbeitsgesellschaft. Der Prozeß gesellschaftlicher Produktion und Reproduktion innerhalb dieser hat kollektiven Charakter und muß daher synchronisiert werden. Je länger die gesellschaftlichen Interdependenzketten sind, desto höher sind die Erfordernisse an Koordination, Regulation und der zeitlichen Absprachen. Dazu bedarf es eines allgemein gültigen Rahmens, dessen Akzeptanz wiederum mittels zeitlicher Normen gewährleistet wird[133]. Normen sind wesentliches Element des zeitlichen Bewußtseins von Gesellschaften, sie sind gleichsam das Bindeglied zwischen soziokulturell bestimmter zeitlicher Organisation von Gesellschaft und der Alltagspraxis ihrer Mitglieder. Dies spiegelt sich in Ladenöffnungszeiten, festgelegter Tages-, Wochen- und Jahresarbeitszeit oder Sprechstunden bei Arzt und Verwaltung wider. Arbeitslose haben demnach viel freie Zeit, aber keine Freizeit, weil diese in ihrer Definition und Zuschreibung an Arbeitszeit gebunden ist. Handlungsspielräume, beziehungsweise deren Einschränkungen, ergeben sich aus der Lage der freien Zeit in der objektiven Zeit und den damit verbundenen Verwendungsmöglichkeiten, da „Zeit zur falschen Zeit (...)wertlos ist"[134]. Die Qualität der freien Zeit wird unter anderem über deren Einteilbarkeit bestimmt. „Die Chance, anfallende Zeitreste überhaupt als Freizeit zu verwenden, gar gestalten zu können, hängt auch davon ab, daß subjektive Intention und objektiver Kontext real und normativ synchronisierbar sind. Das ist eine Frage von Dispositionsmacht über Zeit"[135]. Was nützt es einem Arbeitslosen, endlich wieder freie Zeit zu haben, um sich mit Freunden zu treffen oder sich um seine Kinder zu kümmern, diese aber in den auf Vollzeitarbeit ausgerichteten Kontext eingebunden sind.

Arbeitslose sind einer Double-Bind-Situation durch System und öffentliche Meinung ausgesetzt. Sie haben die von der arbeitenden Bevölkerung so begehrte Freizeit, die für sie aber oft nicht nutzbar ist, sei es mangels Geld oder fehlender

---

[132] Negt 1984, S. 69

[133] Mogge-Grotjahn verweist auf den Übergang der Definition des richtigen Zeitpunktes von Priestern in wenig differenzierten Gesellschaften auf den Staat und die Inhaber ökonomischer Macht. Der richtige Zeitpunkt orientiert sich nicht mehr an überwiegend für alle beobachtbaren Phänomen wie Vollmond, Sonnenaufgang und Jahreszeit, sondern abstrakter Zeitgebung, losgelöst von überschaubaren Lebens- und Produktionszyklen (vgl. Mogge-Grotjahn 1990, S. 84f).

[134] Müller-Wichmann 1984, zit. nach Simsa 1996, S. 39

[135] Müller-Wichmann 1984, zit. nach Simsa 1996, S. 39

subjektiver Möglichkeiten[136] zur Eigengestaltung der freien Zeit. Andererseits dürfen sie weder von den rechtlichen Voraussetzungen noch dem Verständnis der öffentlichen Meinung nach mit ihrem Los zufrieden sein, da sonst, so die Argumentation[137], die Moral zu arbeiten, untergraben würde. Dies würde einen existentiellen Angriff auf die Grundfesten der Arbeitsgesellschaft darstellen.

Diese Double-Bind-Situation läßt sich anhand der Behandlung in Behörden aufzeigen. Ruth Simsa weist nach, daß sich die Rangfolge in Institutionen an der Zeitverfügbarkeit und Dispositionsfähigkeit über Eigen- und Fremdzeit bestimmt. „Warten müssen" wird von Rangniedrigeren erwartet und auch geduldet, solange dies nicht zur Machtausübung benutzt wird oder der reinen Statusbetonung dient. Mit steigender Position steigen auch zeitliche Freiräume, d. h. autonome Möglichkeiten zur Gestaltung der eigenen Zeit[138]. Arbeitslose haben nach gesellschaftlicher Definition sehr viel freie Zeit[139]. Freie Zeit zu haben hat einen hohen sozialen Wert. Arbeitslose können aber vom Arbeitsamt einbestellt, zum Nach-

---

[136] In der Definition fehlender subjektiver Möglichkeiten steckt eine Gefahr der Zuschreibungen durch Sozialarbeit und ähnliche Institutionen. Sicherlich ist die Gefahr der Arbeitslosigkeit für diejenigen am größten, die keine oder geringe Qualifikationen haben. Qualifizierende Maßnahmen für Menschen ohne Ausbildung sind wichtig. Andererseits sind sie durch ihre intellektuellen und lebensweltspezifischen Voraussetzungen weniger in der Lage, sich selbst zu organisieren und zu qualifizieren, wenn auch diese Aussage eine Zuschreibung negativer Art ist. Ein Teil der Betroffenen ist vielleicht auch einfach zu sensibel, um den immensen Druck der Wettbewerbsgesellschaft standzuhalten, die größten Wert auf intellektuelle Fähigkeiten wie Abstraktion und Logik legt, andererseits aber an ihrer eigenen Vernunft zugrunde zu gehen scheint. Gerade diejenigen, die am wenigsten Chancen auf einen Ausbildungsplatz und Berufsaussichten haben, haben die wenigsten Alternativen zu einer Lebensplanung jenseits eines Vollzeitberufes (vgl. Beck 1984, S. 244 ff). Qualifizierung und Bildung darf daher nicht ausschließlich eine Wiedereingliederung in einen Arbeitsmarkt als Ziel haben.

[137] „Nun hat wie alles im Leben die derzeitige Situation auf dem Arbeitsmarkt ihre zwei Seiten. Zu den positiven Seiten gehört, daß die Arbeitsmoral in den Betrieben wieder zunimmt. Die Zeiten, (...) wo man Arbeitskräfte um jeden Preis zu bekommen versuchte, die sind hoffentlich für immer und ewig vorbei. Schlechte Zeiten also für Drückeberger und Krankmacher, Bummelanten und Faulenzer. Der Arbeitsplatz ist auf einmal wieder etwas wert! So hat der Fluch der Arbeitslosigkeit [welcher Gott mag diesen wohl ausgesprochen haben? Anm. d. Verf.] auch etwas Segensreiches. Man besinnt sich wieder auf Pünktlichkeit, Pflichterfüllung [dem Arbeitgeber gegenüber; Anm. d. Verf.] und Leistung. Die Arbeitsintensität wächst" (Senator e. h. Dr. Franz Burda 1978, zit. nach Uske 1995, S. 20).

[138] vgl. Simsa 1996, S. 228f

[139] Die Arbeitszeit der erwerbstätigen Deutschen beträgt laut einer Studie des Bundesfamilienministeriums und des Statistischen Bundesamtes 1994 im Durchschnitt 22 Stunden pro Woche bezahlter Arbeit gegenüber 28 Stunden Heimarbeit in Haus und Garten (zit. nach Schneider / Fasel 1995, S. 145). Die Definition der „Freizeitgesellschaft" trifft so betrachtet schon zu, wären da nicht die verrechtlichten Grundlagen und das Selbstverständnis der hiesigen Gesellschaft: So gibt es zwar das Recht auf freie Berufswahl, aber nicht das Recht auf freiwillige Arbeitslosigkeit.

weis aktiver Beschäftigungssuche gezwungen[140] werden und müssen im Amt selber oft warten, haben also wenig Autonomie in ihrer Zeitverwendung. Freie Zeit und Zeitautonomie müssen aber gleichzeitig vorhanden sein, um Zeit einen realen Gebrauchswert zu geben.

Der Arbeitslosen auferlegte soziale Status kollidiert mit eigenen Erfahrungen. Mit Arbeitslosigkeit sind zahlreiche Stigmatisierungen verbunden. Hans Uske spricht in diesem Zusammenhang von der Entproblematisierung, der Dethematisierung und der Marginalisierung der Massenarbeitslosigkeit, die den Diskurs seit Mitte der 70er Jahre prägen[141]. Da die Disponiblität von Zeit und ihre Bedeutung als

---

[140] Nach der Neufassung des Arbeitsförderungsgesetztes, dem AFRG, kann ein jederzeitiger Nachweis aktiver Beschäftigungssuche verlangt werden. Zur besseren Kontrolle des „Leistungsmißbrauches" durch Arbeitslose ist eine Innenrevision im Arbeitsamt eingerichtet worden (vgl. Reform der Arbeitsförderung 1997, S. 27).

[141] vgl. Uske 1995, S. 8; Hans Uske beschreibt in seinem äußerst lesenswerten Buch „Das Fest der Faulenzer" ausführlich den öffentlichen Diskurs über Arbeitslosigkeit und Arbeitslose. Dabei verweist er auf die Diskussion um den unechten Arbeitslosen, der nicht arbeiten kann, darf oder will als eine Begründung für die hohe Arbeitslosenzahl (S. 42 ff). Ein Beispiel für eine Gruppenzuordnung unechter Arbeitsloser: „Rund 180.000 falsch und marktfremd ausgebildete Hochschüler, welche in ihren Hobbyausbildungen nicht gebraucht werden, zu marktgerechten Tätigkeiten aber nicht bereit sind..." (Prof. Eberhard Hamer, zit. nach Uske 1995, S. 133). Anhand zahlreicher Beispiele illustriert Uske, wie das Bild des arbeitslosen Sozialschmarotzers in der Öffentlichkeit installiert wird. Ein kleines Beispiel dazu: Norbert Blüm meinte: „Wer unter dem Schutzdach der deutschen Sozialversicherung unter den Palmen von Bali in der Hängematte liegt, betreibt Ausbeutung. Nämlich Ausbeutung derjenigen, die für ihn arbeiten" (zit. nach Uske 1995, S. 78). Ebenso geht Uske auf die Abwälzung der Schuld für ihre Arbeitslosigkeit auf die Betroffenen ein. Wiederum Norbert Blüm: „Die 35-Stunden-Woche mit vollem Lohnausgleich wird eine große Zahl von notleidenden Betrieben in den Bankrott jagen. Wir verlieren dabei nicht nur Unternehmer, sondern auch Arbeitsplätze. Den Arbeitslosen wäre damit nicht geholfen" (Bundestagsrede vom 29.3.1984, zit. nach Uske 1995, S. 177). Uske gibt einen Überblick über den öffentlichen Diskurs der Arbeitslosigkeit in den vergangenen 20 Jahren, bis hin zu den Schwierigkeiten der Aufschwungrhetorik, die von der liberal-konservativen Regierung Kohl geprägt wurde, und endet mit einem geschichtlichwirtschaftlichen Rückblick als Bezugspunkt.

Statussymbol an soziale Kontexte und Systemstrukturen gebunden ist, bedeutet die mit den Stigmatisierungen verbundene Negation des Problems eine Individualisierung einer gesellschaftlichen Massenerscheinung.

Frauen, die Hausarbeit leisten, sehen sich dem Problem einer Lebensgestaltung ohne Erwerbsarbeit seit dem Beginn der Industrialisierung gegenüber. Frauen sind immer noch in hohem Maße von der Erwerbstätigkeit bzw. Nichterwerbstätigkeit ihres sozialen Umfeldes abhängig. Allerdings ist die Zahl der berufstätigen Frauen angestiegen, was sich auf die Bildungsexpansion der sechziger und siebziger Jahre zurückführen läßt. Die teilweise Gleichstellung von Frauen, im Zusammenhang mit den ökonomischen Veränderungen der Nachkriegsgesellschaft, hat auch zu einer Auflösung herkömmlicher Familienstrukturen und einer Individualisierung von Lebenswelten geführt, da von Frauen im Berufsleben die gleiche Mobilität wie von Männern erwartet wird. Arbeitslose sehen sich im Zuge dieser Individualisierungen ebenso wie der Rest der Gesellschaft einem größeren Druck zur Gestaltung eines sinnvollen Lebens gegenüber. Freizeit muß genutzt werden, um eine immer wichtiger werdende Selbstverwirklichung durchzuführen. Diese wurde bislang in Arbeitswelten gefunden, wird dort auch mehr eingefordert, verlagert sich aber durch die abnehmende Lebensarbeitszeit zunehmend in die Freizeit. Diese Selbstverwirklichung kann an hohe Kosten gebunden sein[142]. Freizeit ist teurer geworden, die Nutzungsmöglichkeiten freier Zeit eingeschränkter, beziehungsweise verlernt. Zeit z. B. mit der Herstellung von Lebensmitteln zu verbringen, was zeitverwendend und kostensparend wäre, erscheint in Zeiten der gentechnischen Herstellung von Lebensmitteln merkwürdig. Eine Beschäftigung mit vorindustriellen Zeitverwendungsmöglichkeiten könnte allerdings Alternativen in der Lebensgestaltung aufzeigen[143].

Die „Freisetzung von Arbeitskräften" bedeutet für die betroffenen Menschen eine Zwangsmaßnahme, vergleichbar mit der oben beschriebenen zwangsweisen Anpassung an Fabrikarbeit. Oskar Negt schreibt: „Arbeitslosigkeit ist ein Gewaltakt, ein Anschlag auf die körperliche und seelisch-geistige Integrität, auf die Unversehrtheit der davon betroffenen Menschen"[144]. Negt plädiert für eine radikale Verkürzung der Lebensarbeitszeit und damit einer Umverteilung[145] der gesell-

---

[142] Wandern im Schwarzwald ist auch Selbstverwirklichung im weitesten Sinne, der Besuch eines Fitnessstudios oder eines Meditationsworkshops in der Toskana macht aber weit mehr her.

[143] Rifkin beschreibt in dem Kapitel „Die Konsumpredigt", wie mittels gezielter Werbekampagnen Menschen in Amerika Anfang des Jahrhunderts zu Konsumenten erzogen wurden (vgl. Rifkin 1995, S. 30ff). An diesem Mechanismus hat sich bis heute nichts verändert. Klaus Offe und Rolf Heinze verweisen auf ein Wertewandelphänomen bei der Einbeziehung neo-traditioneller Haushaltproduktion, welche nicht auf ausgabenersparende Lebensweise ausgerichtet ist, sondern Manifestation eines spezifischen Lebensstils darstellt (vgl. Offe/Heinze 1990, S. 53). Allerdings besteht hier die Gefahr, anderen Mittelschichtswerte überzustülpen.

[144] vgl. Negt 1987, S. 8

[145] vgl. Negt 1987, S. 185ff

schaftlichen Arbeit. Er meint, dies sei vor allem eine Frage des politischen Kampfes. In der zuendegehenden Industriegesellschaft stellt sich die Frage, ob die Aufrechterhaltung des bisherigen Arbeitsmodells nicht sowieso überholt ist und andere Ansätze als eine sich fortsetzende Arbeitszeitverkürzung gefunden werden müssen, die nicht nur eine nur quantitative Verkürzung von Arbeit, sondern eine qualitative Veränderung beinhalten. Abgesehen von diesen grundsätzlichen Fragen, stellt sich für die heute von Arbeitslosigkeit Betroffenen die Frage einer für sie selbst sinnvollen Nutzung ihrer Zeit, damit diese zur gewonnenen Zeit und nicht zur verschwendeten Lebenszeit wird. Eine reine Beschäftigung von Arbeitslosen, wie sie sich in der eher defizitorientierten Sozialarbeit widerspiegelt[146], die mittels Beschäftigungsmaßnahmen auf Wiedereingliederung in den ersten Arbeitsmarkt abzielt, führt nicht zu mehr Zeitautonomie für Betroffene. Dies dient in Zeiten der Massenarbeitslosigkeit eher einer Aufrechterhaltung der Strukturen und nicht einer - wie im Code of Ethics geforderten - Möglichkeit zur eigenverantwortlichen Gestaltung von Leben[147].

---

[146] Beispielhaft: „Es läßt sich die Hypothese aufstellen, daß ein großer Teil von Langzeitarbeitslosen zu dieser Gruppe der Demoralisierten gehört und daß bei ihnen weder ausreichende Bewältigungsressourcen vorhanden sind noch aktives Hilfesuchen in psychosozialen Krisen zu erwarten ist" (Kieselbach 1991, S. 41).

[147] Ein „Beschäftigungsprogramm", wie das Anfang 1998 umgesetzte Konzept „Kommunale Leitstelle für Arbeit (KOLA)" in Freiburg, dient vor allem der Konsolidierung der städtischen Haushalte. „Die Arbeitslosigkeit und ihre Finanzierung wird immer mehr auf die Kommunen verlagert. [...] Die hohe Anzahl der Betroffenen und ihrer Familienangehörigen, die zunehmende Reduzierung der Leistungsgewährung durch die originär zuständige Arbeitslosenversicherung und gleichzeitig drastisch gesunkene Steuereinnahmen belasten immer mehr die kommunalen Haushalte" (Gemeinderatsvorlage Drucksache G 97196, Freiburg 1997). Die Stadt Freiburg rechnet durch 15% „Wegbleiber" und Rückführung auf den ersten und zweiten Arbeitsmarkt schon im ersten Jahr mit Einsparungen in Höhe von 5,7 Millionen. Ironischerweise war der Autor nach Beendigung seines Studiums einer der ersten, die in den Genuß von KOLA kamen. Er mußte als Geschäftsführer eines Fördervereins im Rahmen einer gemeinnützigen Tätigkeit nach §19 BSHG für knapp 800,- DM monatlich halbtags zu arbeiten. In Freiburg bildete sich eine Gruppe namens KOLA-EX, die versucht, das Projekt zu kippen. Dies noch nicht gelungen, wenn es auch zu erheblichen geführten Diskussion auf lokaler Ebene kam. Einige Unverschämtheiten wie z. B. ein Fragebogen, der von den Einsatzstellenleitern ausgefüllt werden sollte, wurden geändert. Dort sollten diese u. a. Fragen zu Kleidung, Auftreten, Süchte, Pünktlichkeit und familiäre Probleme der ihnen anvertrauten Sozialhilfeempfänger beantworten. Die Emotionalität der Diskussion zeigt die Brisanz des Themas: Liberalkonservative Politiker wie z. B. der CDU-Kreisvorsitzende Klaus Schüle (vgl. Freiburger Stadtkurier Nr.32 vom 5.8.1998) sprechen im Zusammenhang von KOLA immer von gemeinnütziger Arbeit und nicht Tätigkeit, wobei sie mit diesem Euphemismus verkennen, daß der Unterschied zwischen beiden ist, daß es bei der gemeinnützigen Tätigkeit keinerlei soziale Absicherung gibt, die gemeinhin mit Erwerbsarbeit verbunden ist. So haben die über KOLA verpflichteten SozialhilfeempfängerInnen keinen Arbeitsvertrag, keinen Anspruch auf Urlaub, Lohnfortzahlung im Krankheitsfall, keinerlei tarifrechtlichen Ansprüche, keine freie Berufswahl etc. Zu einer umfassenderen Kritik an den Arbeitsdiensten für Sozialhilfeempfänger gibt es eine neuere Publikation: „Arbeitsdienst - wieder salonfähig" herausgegeben vom Frankfurter Arbeitslosenzentrum FALZ, Frankfurt am Main 1998.

3. 4 Andere Ansätze

In dem Aufsatz „ Die Sehnsucht nach einer anders gelebten Zeit" fassen Annette Gerhard und Karl Hörning einige Merkmale im Leben von „Zeitpionieren"[148] zusammen, welche sie in einer Untersuchung über das Leben dieser Menschen erarbeitet haben[149]. Diese begnügen sich nicht damit, wie in Teilzeitarbeitsverhältnissen nur weniger zu arbeiten, sondern suchen nach „neuen, hochindividuellen und flexiblen Arbeitszeitarrangements"[150]. Diese wurden auch gegen eine anfängliche Abneigung der Arbeitgeber durchgesetzt.

Aus der Unzufriedenheit der Eingebundenheit in Zeitstrukturen, die neben Arbeitsstreß auch Freizeitstreß hervorgerufen haben, weil Freizeit mit dem Anspruch der Selbstverwirklichung und liegengebliebenen Dingen überlastet wurde, haben die Zeitpioniere ihre Zeit anders aufgeteilt. Dies beinhaltet einen quantitativen und qualitativen Veränderungsprozeß der Arbeitszeit. Arbeitszeit wurde nicht nur verkürzt, sondern auch „dynamisiert", so daß es möglich wurde, in größeren Abschnitten Freizeit zu haben. Daneben wurde auch der Kontext der Lebensarbeitszeit verändert, so daß nicht die Zeit nach der Verrentung für die Erfüllung aller aufgeschobenen Wünsche herhalten muß. Wichtig dabei ist, nicht einfach die gewonnene Zeit gegen außerberufliche Tätigkeiten wie Heimwerken einzutauschen, also mehr in der Freizeit zu machen, sondern freie Zeit zu haben, um diese situationsgebunden und damit flexibel nutzen zu können. Mit einem solchen Ansatz kann weiter Zeit gewonnen werden, indem Spitzenzeiten, sei es in der Urlaubsplanung oder beim Einkauf, aus dem Wege gegangen werden kann. Das Nützlichkeitspostulat der Leistungsgesellschaft, welches Zeit auffrißt, wird durch eine Distanzierung und sinnvolle Verknüpfung von Tätigkeitsinhalten bei einer solchen Lebensplanung aufgehoben. Die Verplanung von Zeit wird durch Aufgabe von Ansprüchen ermöglicht. Gelohnarbeitet wird nur noch soviel, wie zum Lebensunterhalt benötigt wird. Erwerbsarbeit steht nicht länger im Mittelpunkt der Lebenskonstruktion, sondern Selbstverwirklichung im Hier und Jetzt. Anforderungen von außen werden vermieden oder eingeteilt, somit disponierbar und mehr nach dem Lust-und-Laune-Prinzip erfüllt. Zeitpioniere betrachten Arbeit nicht als überflüssig, sind leistungsbereit und motivierter, da ihr Interesse an Arbeit von den Inhalten und nicht Geldverdienen getragen wird.

Als Probleme der Zeitpioniere werden eine höhere Belastung am Arbeitsplatz durch einen erhöhten Kommunikationsaufwand genannt, ein Mißtrauen seitens der Kollegen und Arbeitgeber und ein erhöhter Arbeitsaufwand, da oft das gleiche Pensum in kürzerer Zeit erledigt werden muß. Anfangs treten Probleme mit

---

[148] vgl. Gerhard/Hörning 1992, S. 17ff

[149] „Zeitpioniere" Hörning/Gerhard/Michailow 1990

[150] Gerhard/Hörning 1992, S. 17

verringertem Einkommen auf, was aber durch veränderte Haushaltsplanung kompensiert und durch die neugewonnene Souveränität über die eigene Zeit aufgewogen wird. Mehr Freizeit zu haben bedeutet für die Zeitpioniere nicht automatisch mehr zu konsumieren, wobei Konsum hier weit zu fassen ist. Auch Selbsterfahrungsworkshops können konsumiert werden. Maria-Eleonora Karsten verweist auch auf das hohe Maß an Willenskraft und sozialer Phantasie, die eingesetzt werden müssen, um so Zeit zu gewinnen und individuell verfügbar zu machen. Sie meint, daß dieses auch aufrechterhalten werden muß, um nicht dem immer wieder angebotenen Konsum oder der Beliebigkeit zu erliegen, welches eine erneute Sinnentleerung bedeuten würde[151].

Hörning und Gerhard sehen eine solche Lebensplanung als gelungen an und meinen, daß es in der Debatte um die Neuorganisation der sozialen Dienste wichtig wäre, Individualisierungsprozesse nicht nur in der sachlichen, sondern auch in ihrer zeitlichen Dimension zu berücksichtigen. Eine Ausrichtung auf „Normalbiographien" sollte hinterfragt werden. Die Autoren sind der Auffassung, daß es den sozialen Diensten nur dann gelingen wird, sich auf den massiven Veränderungsdruck der gesellschaftlichen Individualisierungs- und Pluralisierungstendenzen einzustellen, wenn Zeit als eigenständige Strukturierungsdimension anerkannt und reflektiert wird[152]. Karsten verweist darauf, daß das Leben der Zeitpioniere letztlich ein individuelles Projekt ist und damit Ausdruck eben jener Individualisierungs- und Pluralisierungstendenzen, die diese vorantreiben. Es ist eine Suchbewegung nach neuen Lebensformen, eine Bewegung gegen die vorgegebene Durchregelung der Zeit, sie bewegt sich aber im Kontext des „männlichen Normalarbeitsverhältnisses", da die Strategien zur Neuregelung der Zeit an der Arbeitszeit ansetzen[153]. Eine Auflösung von manteltariflich festgelegten Normalarbeitszeiten und Individualisierung von Zeitstrukturen bedeutet immer auch eine Auflösung von Arbeitnehmersolidaritäten.

Das geforderte Eingehen auf die Veränderungsprozesse durch eine qualitative und quantitative Flexibilisierung der Zeit ist eine völlig andere als die Flexibilisierungsforderungen, die von Arbeitgeberseite und Administration gewünscht werden. Diese soll der maximalen Ausnützung der Investitionen und damit Gewinnmaximierung dienen[154]. Sicherlich ist die Schlußfolgerung von Hörning und Gerhard richtig, daß sich soziale Dienste mit der Problematik von Zeit als strukturierendem Element von Lebenswelten auseinandersetzen müssen. Der Hinweis auf die Ausrichtung auf ein Biographiemanagement, welches auch Brüche und Diskontinuitäten beinhaltet, wird zunehmend notwendig werden.

---

[151] vgl. Karsten 1992, S. 145

[152] vgl. Gerhard/Hörning 1992, S. 17 ff

[153] vgl. Karsten 1992, S. 146

[154] vgl. Offe/Heinze 1990, S. 39

Fragwürdig erscheint aber die Übertragbarkeit der Lebensstile der Zeitpioniere auf die der „Kunden" von Sozialarbeit. Die befragten Zeitpioniere werden als abhängig Beschäftigte in qualifizierten kaufmännischen, technischen und sozialen Berufen mit mittleren Einkommen beschrieben[155]. Diese dürften von Arbeitslosigkeit und Lebenslagen, mit denen Sozialarbeit meistens zu tun hat, weniger betroffen sein. Letztlich bleibt ihre Pionierleistung an Erwerbsarbeit gekoppelt.

Auf einen anderen Umgang mit der objektiven Zeit zielt der Vorschlag von Peter Gross zur Neuverteilung von Zeit in seinem Artikel über „Zeitnot und Zeitüberfluß"[156]. Er kritisiert, daß Arbeitszeitpolitik sich nur auf Verkürzung und Flexibilisierung beschränkt und fordert eine Umverteilung zwischen den Generationen. Er behauptet, daß die ältere Generation länger arbeiten wolle, und daß das derzeitige System kontraproduktiv sei, da die Arbeitnehmer im mittleren Alter überlastet sind und daher zuwenig für anderes und andere Zeit haben, die Alten dagegen zuviel Zeit nutzen können.

Gross argumentiert von einem Standpunkt der Entwertung der alten Menschen durch die Ersetzung des Ahnen- und Totenkultes durch den Monotheismus und einer Abkehr von der Transzendenz. Er meint, dies habe die Hektik der modernen Gesellschaft mitverursacht und fragt, welchen Wert die Fortschritte in Technik und Medizin, die ein längeres Leben ermöglichen, angesichts „der verlorenen Ewigkeit" haben. Gross plädiert für eine Aufteilung der Arbeitszeit nicht nur unter den jetzt Erwerbstätigen, sondern generationenübergreifend durch:

- Arbeitszeitverlängerungsstrategien für die ältere Generation und langfristig Aufhebung der Verrentungsgrenze, kurzfristig Zulassung des rentenunschädlichen Hinzuverdienstes ab dem 60. Lebensjahr.

- Arbeitszeitverkürzung für die mittlere Generation und Anerkennung der Arbeit neben und nach der Arbeit, sprich Ausweitung und Absicherung (durch ein garantiertes Grundeinkommen) von Arbeit wie sozialem Engagement, Kindererziehung. Dabei ist es wichtig, das Zeitproblem als Sinnfindungsproblem anzuerkennen und einen intergenerativen Austausch von Zeit und Anerkennung zu installieren.

- Zeitgewinnstrategien für erwerbstätige Generation: Einrichtung einer Rentenkasse für Zeit, um gegebenenfalls z. B. für Kindererziehung

---

[155] „Auffällig ist die breite Vielfalt der einzelnen Berufe, wobei der Dienstleistungssektor dominiert" (Hörning/Gerhard/Michailow 1990, S. 52). Es folgt eine Aufzählung der einzelnen Berufe, wobei klar wird, daß, bis auf einen „Lagerarbeiter", alle einer qualifizierten Tätigkeit nachgehen. Weiterhin auffällig ist die hohe Zahl der Geschiedenen und getrennt Lebenden, was auf biographische Brüche und Krisenerfahrungen hinweist. Dies wird damit erklärt, „daß für die Interviewten eine Flexibilisierung der Arbeitszeit Ausdruck biographischer Friktionen und auch eines veränderten Umgangs mit Lebenszeit ist" (ebd. , S. 52).

[156] Gross 1988, S. 154 ff

Arbeitszeit umzuverteilen und die Dienstleistungslücke für die ältere Generation zu schließen. Dies soll durch den Aufbau von sozialen Netzwerken, Kooperationsringen etc. für diese Beziehungsarbeit geschehen.

- Zeitabgabevorschläge für die ältere Generation: Die „Alten"dürften nicht länger mit dem Mangelbegriff gesehen werden, sondern auch in ihrer Weisheit, Gelassenheit und Narrenfreiheit. Alles Eigenschaften, die im mittleren Lebensabschnitt wegen des Zeitdiktats der Arbeitsgesellschaft nicht zum Zuge kommen dürfen. Das Bürgerengagement und damit eine Sinnfindung könnte von der älteren Generation getragen werden. Die nötigen sozial- und arbeitsrechtlichen Veränderungen müßten mit einer Entwicklung von Selbsthilfe, Projekten und Organisationen, die Lebensräume berücksichtigen, einhergehen. Bürgerschaftliches Engagement ohne Einbezug der krassen Ungleichverteilung von Zeit sei skeptisch zu beurteilen[157].

Die Vorschläge von Gross sind insofern interessant, als sie eine qualitative Änderung von Arbeit durch Einbezug der objektiven erlebten Zeit als Systemstruktur ermöglichen könnten. Zu kritisieren ist der Nichteinbezug der jüngeren Generation, die sich einer kohortenweisen Ausgrenzung aus dem System Erwerbsarbeit durch fehlende Ausbildungs- und Arbeitsplätze gegenübersieht[158]. Wieweit die These von Gross zutrifft, daß die ältere Generation mehr und länger arbeiten will, müßte untersucht werden. Auffallend ist, daß immer mehr Lohnarbeitende überhaupt nicht das reguläre Rentenalter erreichen[159], was sich mit den enorm gestiegenen, krankmachenden Anforderungen erklären läßt. So gesehen wäre eine Verkürzung und Umverteilung der Arbeitszeit sicherlich angebracht, um ein Leben nach und außerhalb der Arbeitswelt zu ermöglichen. Gross geht nicht auf die gesellschaftlichen Verhältnisse ein, die Industriegesellschaft und die damit verbundene Ersetzung der Transzendenz durch Immanenz ermöglicht haben. Die mit den Zeitstrukturen verbundenen Systemstrukturen und damit Machtstrukturen sieht er als historisch gerechtfertigt[160]. Damit ist auch unklar, wer eine solche Veränderung realpolitisch durchsetzen sollte.

---

[157] vgl. Gross 1988, S. 155f

[158] Ein Hauptschulabschluß wird immer mehr zum Ausschlußkriterium. Ulrich Beck meint, daß der Hauptschulabschluß historisch in die Nähe des Analphabetentums gerückt ist. Die Negativauswahl der Nichtteilnahmeberechtigten läßt den individuellen Druck auf Teile der Jugendlichen größer werden und konfrontiert sie mit dem Problem, Ausbildungen machen zu müssen und diese gut machen zu müssen, mit dem Wissen um die geringen oder nicht vorhandenen Chancen auf dem Arbeitsmarkt (vgl. Beck 1986, S. 244ff).

[159] Negt 1987, S. 66

[160] vgl. Gross 1988, S. 156

4. Veränderungen von Zeitstrukturen der Arbeitsgesellschaft

Wie im Kapitel 2.2 beschrieben, verändert sich Erwerbsarbeit durch Technik und Automation und damit auch die Erwerbsarbeitsgesellschaft, da die Ersetzung der menschlichen Arbeitskraft unter anderem zu einer höheren Arbeitslosigkeit führt. Solche Veränderungen finden - teilweise auch bedingt durch die Technisierung - ebenfalls in der zeitlichen Ausgestaltung von Erwerbsarbeit statt.

4.1 Veränderungen der Arbeitsverhältnisse

Normalarbeitsverhältnisse nehmen deutlich ab und machen Teilzeitarbeit, befristeter Beschäftigung, legaler und illegaler Leiharbeit und geringfügiger Beschäftigung Platz[161]. Diese können als Teilzeitarbeitslosigkeit gesehen werden[162], da die Sicherungssysteme und rechtlichen Grundlagen auf der Grundlage der Vollzeiterwerbsarbeit aufgebaut sind[163]. Dazu kommen die Veränderungen der

---

[161] vgl. Mogge-Grotjahn 1990, S. 13ff; Die von Mogge-Grotjahn aufgezeigten Tendenzen, die sie mit Zahlen aus den 80er Jahren unterlegt, haben sich fortgesetzt und verschärft. Laut dem Statistischen Jahrbuch 1997 sind in der 1996 Bundesrepublik 34,5 Millionen der 82 Millionen Einwohner erwerbstätig, zwei Millionen weniger als 1990. Nur noch 77% arbeiten 36 oder mehr Wochenstunden, 1990 waren es 84,5%. Der Frauenanteil bei der Teilzeit erhöhte sich von 1991 mit 32, 6% auf fast 40%, bei den Männern arbeiten nur 10% Teilzeit. Bei den 610 Mark Jobs ist diese Zahl noch ausgeprägter: Fast drei Viertel der so Beschäftigten sind Frauen. 11, 8% aller abhängig Beschäftigten haben befristete Stellen, davon 45% Auszubildende. Die Teilzeitquote liegt bei 16,5% der Beschäftigten, wovon 12% gerne eine Vollzeitstelle haben würden. Im Statistischen Jahrbuch stehen auch Zahlen zu den Auswirkungen der derzeitigen Wirtschafts- und Arbeitsmarktpolitik. So haben sich die Ausgaben für Sozialhilfe preisbereinigt von 1965 bis 1995 verachtfacht, betroffen waren 1965 522.000 Menschen, 1995 waren es 2.2 Millionen. Besonders schlimm in diesem Zusammenhang ist die hohe Zahl der Kinder und Jugendlichen bis 18, die von Sozialhilfe leben müssen: Hier liegt der Anteil bei 38%. Dies bedeutet ein Aufwachsen in Armut mit allen damit zusammenhängenden Folgen für Ausbildung, Berufs- und Teilhabechancen im sechstreichsten Land der Erde (vgl. Statistisches Jahrbuch 1997 und Weltbank Statistik 1996). Die Veränderungen von Lebensformen, -welten und -entwürfen deuten sich in solchen Zahlen an, vor allem, da ein großer Teil der Sozialhilfebezieherinnen alleinerziehende Mütter mit ihren Kindern sind.

[162] „In diesem System ist die Arbeitslosigkeit sozusagen in Gestalt von Unterbeschäftigungsformen ins Beschäftigungssystem 'integriert', damit aber auch eingetauscht worden gegen eine Generalisierung von Beschäftigungsunsicherheiten,...“ (Beck 1986, S. 227). Ulrich Beck argumentiert von einem Standpunkt einer neuen Definition von Arbeit her, die so etwas wie Arbeitslosigkeit, als Gegenüber zu dem, was bislang als Erwerbsarbeit bekannt war, nicht mehr kennt, da Abschnitte von - wenig abgesicherter - Nichtarbeit, Teilzeitarbeit und Vollzeitarbeit einander abwechseln (vgl. Beck 1986, S. 222ff).

[163] „Das Normalarbeitsverhältnis als Konstitutions- und Reproduktionselement der Gesamtgesellschaft liegt der Ausgestaltung des Bürgerlichen Rechts, des Sozialrechts und des Familienrechts zugrunde, d. h., die Arbeits- und Sozialordnung konzentriert ihre schützenden und gewährenden Interventionen im Erwerbsleben auf solche Arbeitsverhältnisse, die idealiter dauerhaft und kontinuierlich, im (möglichst groß) betrieblichen Zusammenhang auf Vollzeitbasis erfolgen und Qualifikation voraussetzen. Entfallen einzelne dieser Kriterien, entfällt vor

Lebenswelten, die durch Schicht-, Nacht-, Wochenend- und Feiertagsarbeit statt-finden. Alle diese Definitionen sind an zeitliche Strukturen gebunden. Hildegard Mogge-Grotjahn spricht von einem Viertel der Erwerbstätigen, die nicht nur zu normalen Arbeitszeiten tätig sind. Dazu kommen die Möglichkeiten, die den Ar-beitgebern mit „kapazitätsorientierten variablen Arbeitszeiten" (Kapovaz), mit einer Änderung des Arbeitsförderungsgesetzes (AFG) 1985 eingeführt, zur Verfü-gung stehen. Das AFG ist bis hin zu dem Arbeitsförderungsreformgesetz zugun-sten zeitlicher Flexibilisierungen von Arbeitszeit ständig verschärft worden. In Großbritannien ist eine weitere Variante eingeführt worden: Das „Zero Hour Working", bei der Lohn - unter dem Diktat der ständigen Verfügbarkeit - nur bei tatsächlich geleisteter Arbeit gezahlt wird[164]. Zu den Verkürzungen, Flexibilisie-rungen und Deregulierungen von Arbeitszeit kommt die enorme Zahl an Über-stunden, die, gewollt oder unfreiwillig, bezahlt oder umsonst geleistet werden. Hier liegen die Zahlen 2,1 Milliarden und 1,5 Milliarden Überstunden für das Jahr 1988. Geht man von der Höchstzahl aus, so entspräche dies 1,2 Millionen Vollzeitarbeitsplätzen[165]. Nachdem 1996 und 1997die Zahl der Überstunden rück-läufig war, rechnet das Institut für Arbeitsmarkt- und Berufsforschung (IAB) der Bundesanstalt für Arbeit 1998 wieder mit rund 1,85 Milliarden Überstunden[166].

Die sich verändernde zeitliche Qualität der Beschäftigungsverhältnisse trägt zu einer Segregation auf dem Arbeitsmarkt bei, bei der Frauen die Verliererinnen sind[167]. Mogge-Grotjahn meint zu diesem Punkt, daß die Diskussion um die

---

allem das Grundkriterium der Beschäftigungsdauer und -kontinuität, so tritt das entsprechende Arbeitsverhältnis mehr oder weniger aus der Geltungszone der Arbeits- und Sozialordnung heraus..." (Mogge-Grotjahn 1990, S. 26).

[164] vgl. Forrester 1997, S. 171; Die zur Verfügung stehende Zeit und der Raum des so abhängig Beschäftigten werden weitestgehend kontrolliert. Da dies gesetzlich abgesichert ist, macht sich die gesetzgebende Kraft zum Handlanger der Ausbeutung. Oder umgekehrt: Die Unternehmerinteressen kontrollieren die gesetzgebende Kraft soweit, daß Ausbeutung gesetzlich legitimiert werden kann.

[165] Zahlen zit. nach Mogge-Grotjahn 1990, S. 94

[166] Mittelfristig könnten laut IAB bei einem Überstundenabbau von 40% 320000 Arbeitsplätze entstehen. Nach Ansicht des DGB liegt die Anzahl der Überstunden deutlich höher, da durch veränderte Abeitsverträge viele Überstunden gar nicht mehr erfaßt würden (vgl. BZ vom 15. 9. 1998 „Die Zahl der Überstunden steigt wieder")

[167] vgl. Mogge-Grotjahn 1990, S. 26 und BZ vom 4.10.1997: „Ostdeutsche Frauen sind die Verliererinnen der deutschen Einheit"; Frauen in der DDR hatten einen sehr viel höheren Be-schäftigungsanteil und waren vor allem in dem nun als unwirtschaftlich bezeichneten Dienst-leistungssektor tätig, der in der DDR aus Bildungs-, Beratungs- und Pflegetätigkeiten bestand, ebenso wie in Büro und Verkauf, was als weibliche Domäne bezeichnet wird. 1989 waren in der DDR 4,5 Millionen Frauen und 4,7 Millionen Männer beschäftigt, davon sind bis 1995 1,6 Millionen Frauen arbeitslos geworden. Die Arbeitsmarktexperten meinen, daß im Westen Männer mehr von Arbeitslosigkeit betroffen seien. Hier profitierten die Frauen vom Beschäfti-gungsanstieg im Dienstleistungsbereich. Bei diesen scheinbar besseren Arbeitsplatzzuwächsen handelt es sich aber größtenteils um 610 Mark Jobs.

Arbeitsgesellschaft zu beschränkt geführt werde, da es neben der Arbeit als Kristallisationspunkt von Bewußtsein noch andere geben würde[168]. Arbeit wird nur einseitig als Lohnarbeit gesehen, wobei der ganze häusliche Reproduktionsbereich übersehen wird. Dieser ist für Erwerbsarbeit aber dringend erforderlich. Produktions- und Reproduktionssektor stehen in einem wechselseitigen Konstitutionsverhältnis. Hildegard Mogge-Grotjahn meint, daß die 'Krise der Arbeitsgesellschaft' vor allem eine 'Krise der männlichen Erwerbsarbeit' ist[169]. Frauen haben sich schon seit Beginn der Industriegesellschaft mit Versuchen, sinnvolles Leben außerhalb des Systems Erwerbsarbeit zu organisieren, auseinandersetzen müssen, da sie mangels Ausbildung und Berufschancen und der Fixierung auf Hausarbeit und Kindererziehung auch aus den Zeitstrukturen der Arbeitsgesellschaft ausgeschlossen waren.

4. 2 Arbeit und Freizeit

Die Zeitstrukturen der Industriegesellschaft sind von einem Orientierungsmittel zu einem Ordnungsmittel geworden[170]. Erst mit der normativen Umsetzung der objektiven Zeit als wesentlich für die Strukturierung des Alltags und der Arbeit, die nicht den biologischen Zeitstrukturen des Menschen entspricht, wird die Arbeitsdisziplinierung der modernen Gesellschaften möglich. Erst wenn Pünktlichkeit, Arbeitstempo und Zeitstrukturierung als normative Struktur anerkannt sind, kann eine Flexibilisierung und individualisierte Zeitstruktur als Antwort auf die durch die durchgesetzte Industriegesellschaft[171] gestiegenen Anforderungen ermöglicht werden.

Die psychischen und physischen Mobilitätsanforderungen an den Einzelnen sind mit den wachsenden Unsicherheiten und Diskontinuitäten in der Arbeitswelt enorm gestiegen. Ulrich Beck spricht in einem viel benutzten Zitat davon, „daß der Übergang von einem einheitlichen industriegesellschaftlichen System der betrieblich organisierten lebenslangen Ganztagesarbeit mit der radikalen Gegenalternative der Beschäftigungslosigkeit zu einem risikoreichen System flexibler, pluraler, dezentraler Unterbeschäftigung vollzogen wird"[172].

Dies hat aber nicht nur Auswirkungen auf Arbeitswelten, sondern - da diese wechselseitig an Lebenswelten gekoppelt sind - großen Einfluß auf die Lebensumstände. Werden Arbeitszeiten flexibilisiert und sind eine große Anzahl der Beschäftigten davon betroffen, so wirkt sich daß auch auf Angehörige und

---

[168] vgl. Mogge-Grotjahn 1990, S. 38f

[169] vgl. Mogge-Grotjahn 1990, S. 40

[170] vgl. Mogge-Grotjahn 1990, S. 87

[171] vgl. Beck 1986, S.179

[172] Beck 1986, S. 227

Familienmitglieder aus. Essens-, Einkaufs-, Frei- und Ferienzeiten müssen koordiniert werden. Mit der Zunahme der arbeitsgebundenen[173] Zeit durch die längeren Anfahrtswege der „vollmobilen Singlegesellschaft"[174] und einer vermehrten Reproduktionszeit[175] wegen der höheren Arbeitsintensität (vgl. Kapitel 4.4) nimmt die freie Zeit immer mehr ab. Einer Segregation innerhalb der Gesellschaft leisten diesen Entwicklungen Vorschub, da sich Gutverdienende eine neue Dienstboten- und Dienstleistungskultur leisten können, die ihnen ein Mehr an wirklich freier, disponierbarer Zeit ermöglicht.

Mit der zunehmenden Institutionalisierung und Verrechtlichung der bundesrepublikanischen Gesellschaft wachsen auch die Zeiten, die in Auseinandersetzung mit Systemstrukturen und deren Kennenlernen und Verständnis verbracht werden muß. Der Zeit- und Energieaufwand, der zur Koordination des eigenen Lebens erforderlich wird, wächst mit den zunehmenden Unsicherheiten[176]. Dies beginnt ganz simpel z. B. mit dem Ein- und Abschalten der „zeitsparenden" Waschmaschine, dem Erlernen der Technik des „moneyless paying" bis hin zu der Programmierung des Videorecorders. Klaus Offe und Rolf Heinze zitieren Zeitbudgetstudien, nach denen auch eine höhere technische Ausstattung der Haushalte keinen signifikanten Einfluß auf den zeitlichen Umfang von Hausarbeit hat[177]. Oskar Negt weist darauf hin, daß mit der neuen Technisierung z. B. durch Geldautomaten und Teleshopping die „gattungsgeschichtlich erworbene

---

[173] Unter der arbeitsgebundenen Zeit werden die Zeiten verstanden, die unmittelbar im Zusammenhang mit Arbeit stehen, dazu zählt nicht nur der Anfahrtsweg, sondern Zeiten, die mit Weiter- und Fortbildung verbraucht werden, aber auch die Suche nach einem Arbeitsplatz und Vorstellungsgespräche. Außerdem das „zur Verfügung stehen müssen" für den Arbeitsmarkt, sei es durch Arbeit auf Abruf oder den Zwängen, die durch das AFRG oder Sozialgesetzbuch gegeben sind (vgl. Mogge-Grotjahn 1990, S. 97f).

[174] vgl. Beck 1986, S. 191

[175] Unter Reproduktionszeit wird diejenige Zeit verstanden, die nötig ist, um eine Erwerbsarbeit erst zu ermöglichen. Darunter fallen Tätigkeiten wie Hausarbeit, Schlafen, Essen, Ausruhen, die insbesondere im Singledasein einen zeitlich größeren Umfang einnehmen, da die Aufteilung der zur Reproduktion nötigen Arbeit auf Frau und Familie, die in traditionellen Strukturen gegeben war, wegfällt. Mit der Zunahme dieser Lebensformen verkürzt sich die freie Zeit weiter, da z. B. bei Wochenendbeziehungen weiter freie Zeit auf der Autobahn oder im Zug verbracht wird. Insgesamt wächst die Zeit, die alleine verbracht wird (vgl. Mogge-Grotjahn 1990, S. 95ff).

[176] Der Psychoboom des letzten Jahrzehnts läßt sich so ganz gut erklären. Nicht umsonst werben Psychotherapeuten in den USA mit der Devise „Rent a friend". Hier läßt sich die Unsicherheit, der Energie- und Zeitaufwand beim Eingehen von Beziehungen scheinbar minimieren. Allerdings verstärkt sich die Tendenz zur Individualisierung und Vereinsamung dadurch nur noch weiter. Andere Formen und Kulturen der Solidarität zu inszenieren ist ein wichtiger Ansatz für Sozialarbeit, die sich ihrer Individualisierungstendenz im System bewußt ist (vgl. Rauschenbach 1993, S. 89ff).

[177] vgl. Offe/Heinze 1990, S. 31

Eigenschaften des Gehens, des Sprechens und der sozialen Kommunikation"[178] verlorengehen. Hildegard Mogge-Grotjahn stellt den Begriff der „Freizeitgesellschaft" in Frage, da nur eine bestimmte Gruppe - vorzugsweise männliche Erwerbstätige in gesicherten Positionen - über ein vergrößertes Zeitbudget verfügt. Die eigentliche Ursache der „Zeitnot" findet sich im sozialen Habitus einer immer eiligeren und flexibleren Gesellschaft, in der auch und gerade Zeit unter den Imperativ der optimalen Bewirtschaftung gerät[179]. Scheinbar sinnlos verbrachte Zeit und Destruktivität innerhalb von Freizeit läßt sich als Ventilfunktion gegen die rigider werdende Kontrolle durch zeitliche Rationalisierungen in Arbeit und Freizeit erklären[180].

4. 3 Entgrenzung und Entstehung von Schichten

Mit der Auflösung der herkömmlichen Klassen und Schichtgrenzen durch (soziale) Mobilität und Zeitflexibilisierung geht der normative und solidarisierende Zusammenhalt, den diese Strukturen geboten haben, verloren. Die Herausbildung neuer Solidaritäten und Zusammenhänge wird durch das Festhalten an den bisherigen Strukturen sehr erschwert. Wegen der Massenarbeitslosigkeit steigt der Druck auf Arbeitslose und Sozialhilfeempfänger, Arbeit zu jeder Bedingung anzunehmen[181]. Martin Kronauer, Berthold Vogel und Frank Gerlach sprechen in ihrem Buch „Im Schatten der Arbeitsgesellschaft" von einer neuentstehenden Schicht der Langzeitarbeitslosen[182]. Diese sind in einer sozialen Falle, in der sowohl Handeln als auch Nicht-Handeln Leiden erzeugt und perpetuiert, denn falls Langzeitarbeitslose ihre Bemühungen um einen Arbeitsplatz einstellen, um weiteren Frustrationen zu entgehen, zementieren sie gleichzeitig das Ende des Erwerbslebens. Mit diesem Schritt stellen sie sich auf die Permanenz der eingeschränkten und einschränkenden Lebensverhältnisse ein, was nicht zwangsläufig Armut bedeuten muß (aber oft bedeutet), welche die Grundlage einer eigenständigen sozialen Lebensweise ist, sich mithin als Schicht definieren läßt[183]. Ob diese

---

[178] Negt 1987, S. 251

[179] vgl. Mogge-Grotjahn 1990, S. 103

[180] vgl. Müller-Wichmann 1988, zit. nach Mogge-Grotjahn 1990, S. 102 f

[181] Im September und Oktober 1997 haben mehrere Politiker von SPD und CDU öffentlich dazu aufgefordert, Arbeitslose zu Arbeit zu verpflichten, egal zu welchen Arbeiten, mit der Drohung, bei Verweigerung die Unterstützung zu streichen. Letztes Beispiel: Der CDU Generalsekretär Volker Gauder gegenüber der Presse: „Jeder der Sozialhilfe bezieht und arbeitsfähig ist, muß auch eine Arbeit annehmen." Da die Städte nicht mehr sauber seien, sollen Sozialhilfeempfänger Reinigungstätigkeiten, bei einer Entlohnung von 3, 50 DM pro Stunde, übernehmen. Auf dem kommenden CDU Parteitag sollen die Delegierten über einen entsprechenden Antrag entscheiden (vgl. BZ vom 20.10.1997. „Pflichtjobs für Hilfeempfänger").

[182] Kronauer/Vogel/Gerlach 1993, S. 230

[183] vgl. Kronauer/Vogel/Gerlach 1993, S. 230

Schicht zu politisieren ist oder gar eine eigene Kultur entwickeln kann, ist wegen der Uneinheitlichkeit und der äußeren Umstände fraglich. Arbeitslosigkeit ist kein identitätsstiftender Zusammenhang, eine Subkultur der „Eigenarbeiter" oder ähnliches könnte diesen Zweck erfüllen und Gruppen politisch handlungsfähig werden lassen. Hier könnten neue Lebensformen, wie z. B. die der „Wagenburgler", mit einem anderen Zeit-, Lebens- und Arbeitsverständnis entstehen, wenn daß, was Gil als Lebensarbeit bezeichnet[184], einen größeren Stellenwert gewinnt.

4.4 Zeitstrukturen in Arbeitswelten

Die deutlich gestiegenen Anforderungen in den Arbeitswelten sind Auswirkungen des Arbeitstempos und Maschineneinsatz des High-Tech-Zeitalters. Gaben früher die Maschinen durch ihre Unvollkommenheit den mit ihnen umgehenden Menschen die Möglichkeit zu Pausen, vielleicht auch das Gefühl der Beherrschbarkeit, so ermöglicht die veränderte Technik eine höhere Vertaktung. Damit sind Maschinen und deren Arbeitstempo zu den Bestimmern von Arbeitsvorgängen geworden[185]. Jeremy Rifkin beschreibt einige Auswirkungen der Computerisierung in den Büros. Die Büroangestellte, die früher das Auswechseln der Papierseite auf der Schreibmaschine als Signal für eine kurze (mentale) Pause nutzen konnte, kann dies am Computerbildschirm nicht mehr tun. Um die Bearbeitung von Informationen zu beschleunigen, können Computerarbeitsplätze so programmiert werden, daß die Informationen auf dem Bildschirm nach kurzer Zeit wieder verschwinden, wenn nicht sofort darauf reagiert wird, was eine enorme Streßzunahme bewirkt[186]. Die Vertaktung am Band in einer Fabrik führt zu einem ständigen Gefordertwerden, ohne individuelle Zeiteinteilung berücksichtigen zu können[187]. Die als Fortschritt gefeierte Einführung des Lean Management, welches

---

[184] vgl. Gil 1997, S. 6f

[185] Es soll nicht der Eindruck der Technikfeindlichkeit entstehen. Wenn Technik dazu dient, Arbeit zu erleichtern, Menschen mit Wohnung und Nahrung zu versorgen, ermöglicht Technik höhere Autonomie. Wenn Rationalisierungen durch Technikeinsatz Menschen arbeitslos machen und sie ausgrenzen, sind weder Maschinen noch Technik an der Ausgrenzung verantwortlich, sondern diejenigen, die rationalisieren und nicht für eine Umverteilung des so entstehenden Gewinns sorgen. Wenn Technik höhere Autonomie ermöglicht, muß dies auch zugelassen werden.

[186] vgl. Rifkin 1995, S. 133

[187] Beschreibungen aus der Arbeitswelt finden sich bei z. B. bei Monika Held in „Arbeitszeit ist Lebenszeit" (vgl. Held 1984, S. 58ff) oder den bekannten Industriereportagen von Günther Wallraff. Die Beschreibung von Zeitstrukturen ist eine Sache, ebenso wie eine Diskussion um Sozialhilfe als Armutsgrenze und die Auswirkungen auf die Lebenswelt der Betroffenen. Was dabei leicht unter den Tisch fallen kann, ist eine Auseinandersetzung mit konkreten Beispielen. Es soll ein theoretischer Hintergrund geschaffen werden, auf dem ein Diskurs stattfinden kann, aber aus dem Versuch heraus, zu begreifen, was Zeitorganisation individuell bedeutet und wie Lebenswelten verbessert werden können. Mikroorganisation von Zeit und Raum ist z. B. die Spritzkabine, in der Autos im 46-Sekunden-Takt durchlaufen und die Bewegungsfreiheit auf ein paar Schritte eingeschränkt ist, da die Atemmasken mit einem Luftschlauch an die

den Beschäftigten angeblich mehr Mitspracherecht durch Abbau der Hierarchien einräumt, führt zu einer höheren Produktionsgeschwindigkeit und damit zu höheren Unfallzahlen. So gibt es bei Mazda dreimal soviel Unfälle wie in vergleichbaren Werken von Chrysler, Ford und General Motors[188]. Der Arbeitsstreß durch die ständig steigende Arbeitsbelastung im Zuge der ständigen Qualitätsverbesserungen - des „kaizen" - wird in Japan als Arbeitskrankheit gesehen und anerkannt. „Karoshi" als neue produktionsbedingte Krankheitsform wird in der „Nanosekundenkultur" des High-Tech-Zeitalters zu einem weltweiten Phänomen[189].

Ruth Simsa verweist darauf, daß die lineare Denkweise und Problemlösungsstruktur, die die zunehmende Effizienz ermöglicht, immer mehr Probleme schafft, die mit eben dieser Denkweise nicht mehr zu lösen sind. Die knapper werdende Entscheidungszeit durch die höhere Vertaktung führt hin zu einer Orientierung an schneller Entscheidungsfindung und nicht zu sachlich besten Lösungsmöglichkeit, da kritische Hinterfragung und Auseinandersetzung - die Zeit kostet - nicht mehr erwünscht ist[190]. Schon Bekanntes, eingefahrene Denkbahnen, vorhandene Informationen und bekannte Kommunikationspartner werden unter dem Diktat von „Zeit ist Geld" bevorzugt[191]. Dies führt zu dysfunktionalen Effekten, die zeitaufwendig zu bearbeiten sind, wofür aber keine Zeit vorgesehen ist, so daß die Gefahr der Verdrängung von Problemen zunimmt[192]. Wo für Reflexion und Innovation keine Zeit bleibt, müssen die entstehenden Probleme hinterher um so zeitaufwendiger bearbeitet werden[193]. Da dies aber in den gegebenen Zeit- und Systemstrukturen geschieht, besteht die Gefahr, daß eher ein Mehr desselben als wirkliche Lösungen produziert wird. Simsa meint, daß eine Verlangsamung des Handlungstempos in Organisationen im Sinne eines ökonomisch-rationalen Handelns angebracht wäre[194].

Kabinenwand gekettet sind und der Lärm so groß ist, daß keine Kommuni-kation möglich ist. Monika Held beschreibt, daß einige Arbeiter lieber Gehör- und Leber-schäden riskieren und ohne Atemmaske und Ohrstöpsel arbeiten, als acht Stunden lang nichts anderes zu sehen als die zu bearbeitende Oberfläche und das Zischen der Preßluft zu hören.

[188] vgl. Rifkin 1995, S. 131

[189] vgl. Rifkin 1995, S. 131

[190] vgl. Simsa 1996, S. 85

[191] vgl. Luhmann 1971, zit. nach Simsa 1996, S. 83

[192] Ulrich Beck hat diese Tendenz in seinem Buch „Risikogesellschaft" auf gesellschaftlicher, politischer und wissenschaftlicher Ebene analysiert. Auch wenn er die Probleme der Regionalisierung und Segregation vernachlässigt, liefert er einen bemerkenswerten Ansatz.

[193] vgl. Simsa 1996, S. 86

[194] vgl. Simsa 1996, S. 86; Die österreichischen Intellektuellen haben schon reagiert: So gibt es seit 1990 einen „Verein zur Verzögerung der Zeit". Gegründet vom Klagenfurter Professor Peter Heintel mit inzwischen mehr als 700 Mitgliedern und schon 11 Regionalgruppen in Deutschland. Wer beitreten will: Verein zur Verzögerung der Zeit, A - 9010 Klagenfurt, Sterneckstr. 15.

4.5 Zeitliche Segregation und Entstehung zweier Realitäten

Jeremy Rifkin spricht von den „Symbolanalytikern" als diejenige Gruppe, die mit guter Ausbildung, flexibel und ungebunden mit den Systemstrukturen der post-industriellen Gesellschaft umgehen und diese für sich nutzen kann. Oskar Negt meint, daß zwei Realitäten entstanden sind, die in Denkformen, Zeitperspektiven, den spezifischen Logiken der Wahrnehmungen, der Objektwelt ebenso wie in Selbstwahrnehmung und Verhaltensorientierungen auseinanderfallen[195]. Zwischen diesen Realitäten ist eine Verständigung immer weniger möglich. Für diejenigen, die in der ersten Realität leben, scheint die derzeitige Gesellschaftsform die beste aller möglichen zu sein; wer herausfällt, tut dies selbstverschuldet, wer aufbe-gehrt, ohne Grund[196]. Die Spaltung der Realitäten hat eine andere Qualität als die alte Klassenspaltung, beruht aber laut Negt letztlich auf dieser[197].

Arbeitslose werden nach wie vor unter dem Mangelaspekt betrachtet, es fehlt ihnen die Arbeit, die sie zu einem vollwertigen Menschen machen würde. Arbeitslose werden bei der Beurteilung ihrer Situation immer an dem Bild des lohnarbeitenden Menschen gemessen[198]. Bei Vergleichen der gesundheitlichen Einschränkungen von Arbeitslosen werden arbeitende Menschen als Norm ange-legt. Wird dann nachgewiesen, daß Arbeitslose kränker als Arbeitende sind, so liegt der Schluß nahe, daß Arbeit zu haben besser ist, als keine zu haben. Bei dieser Art von Analyse fällt heraus, ob Arbeit zu haben wirklich „gesünder" ist. Dies scheint mit dem Blick auf die Auswirkungen der neuen Arbeitswelt, der vielen Arbeitsunfälle, der durch die Industriegesellschaft verursachten Umwelt-schäden und der einengenden Zeitstrukturen, mehr als fraglich. Weiterhin bleibt bei solcher Analyse von Arbeitslosigkeit die Arbeitsgesellschaft außen vor: Arbeitslose leben weiter in einem System, das völlig auf Erwerbsarbeit ausgerich-tet ist. Sie haben eben nicht ein Mehr an individuell nutzbarer Zeit, um sich zu regenerieren, sondern unterliegen dem Druck, baldmöglichst wieder eine Arbeit zu finden, um Teil des Systems bleiben zu dürfen. Die krankmachende Wirkung dieses Drucks wird nicht berücksichtigt oder untersucht, wohl aber die individu-ellen „Arbeitsorientierungen" von Arbeitslosen.

Die oben angesprochene Teilung der Gesellschaft läßt sich auch auf zeitliche Strukturen übertragen. Gewinner der flexibilisierten und deregulierten Zeitstruk-turen werden sicherlich Menschen wie die oben schon angesprochenen Zeit-pioniere sein. Die Beschreibung ihrer erinnert in vielem an die Beschreibung

---

[195] vgl. Negt 1987, S. 66ff

[196] vgl. Negt, 1987, S. 67

[197] vgl. Negt, 1987, S. 69

[198] vgl. Kieselbach 1991, S. 40ff

sogenannter proaktiver Arbeitslose[199]. Diese werden in der Literatur beschrieben als Menschen,

- die ein starkes Wertesystem haben,

- die fähig sind, Zeit selber zu strukturieren,

- die in ihrem Leben vor der Arbeitslosigkeit aktiv und erfolgreich waren,

- die fähig sind, die gesellschaftlichen Mechanismen, die Arbeitslosigkeit verursachen, zu durchschauen,

- die Arbeitslosigkeit nicht als durch eigene Schuld verursacht sehen

- die fähig sind, sich dem Stigmatisierungsdruck zu entziehen

- die sogar freiwillig aus den Strukturen der Arbeitsgesellschaft ausgestiegen sind, weil eine befriedigende Tätigkeit innerhalb nicht möglich schien[200].

Proaktive Arbeitslose haben eine entsprechende Unterstützung durch Familie und andere[201], sind also nicht so sehr auf die abhängig machenden Institutionen angewiesen wie Alleinstehende. Mit ihren Eigenschaften und internalisierten Wertvorstellungen sind sie aber auch die Menschen, die am ehesten wieder Arbeit finden, also von Arbeitslosenarbeit nicht unbedingt betroffen sind[202]. Was aber macht Sozialarbeit mit dem Rest, welche Möglichkeiten kann die Profession denjenigen bieten, die nicht „proaktiv" sind und die nicht die immense Willenskraft aufbringen können, sich mit den Systemstrukturen soweit auseinander zu setzen, daß dabei eine emanzipative Zeitgestaltung herausspringt? Der Ansatz der Zeitpioniere geht von Lohnarbeit als Lebensgrundlage aus, die soweit modifiziert wird, daß ein neuartiger Lebensstil möglich wird. Wie könnte Arbeitslosen ein zeitpionierhafter Lebensstil und damit eine Emanzipation ermöglicht werden?

Wird aber die Frage nur in dieser Weise gestellt, wird das Problem individualisiert, denn als Grundlage der Frage dienen die nicht vorhandenen finanziellen und psychosozialen Gegebenheiten des Individuums, in diesem Fall der Arbeitsplatz

---

[199] vgl. Kieselbach 1991, S. 46

[200] vgl. Kieselbach 1991, S. 47; Zu denselben Ergebnissen kommen die Untersuchungen, die über das HEI - Projekt in München durchgeführt worden sind: Wer vor der Arbeitslosigkeit eigenarbeiterisch außerhalb der Erwerbstätigkeit tätig war, tut dies auch noch in der Arbeitslosigkeit (vgl. Mutz / Kühnlein / Burda-Viering / Holzer 1997, S.101).

[201] Kieselbach 1991, S. 47

[202] laut Klehm / Ziebach und anderen hängt auch die Lebensgestaltung nach der Pensionierung von den bisherigen Möglichkeiten und Erfahrungen selbstbestimmter Lebensgestaltung ab, d. h. je abhängiger ein Mensch beschäftigt gewesen ist (z. B. durch extreme Zeitstrukturierung in Schicht- und Fließbandarbeit), desto weniger Chancen hat dieser auf ein problemloses, gelingendes Leben ohne Erwerbsarbeit, sei es durch Arbeitslosigkeit oder Pensionierung (vgl. Klehm / Ziebach 1997, S. 3f, in: Diskussionsvorlage „Konzepte zugehender Bildungsarbeit...").

und die Willenskraft der Zeitpioniere. Wer als Vermieter oder Aktienbesitzer die Zeit damit zubringt, sein Gewinn aus dem angelegten Kapital als Weltreisender zu verleben, ist vielleicht dem Sozialneid anderer ausgesetzt, aber es würde kaum einer auf die Idee kommen, in ihm einen Sozialschmarotzer zu sehen, der auf Kosten anderer Leute lebt oder ihn einer Überprüfung durch Detektive auszusetzen, wie dies mit Sozialhilfeempfängerinnen gemacht wird. Wenn über ein Leben ohne Lohnarbeit diskutiert wird, muß immer die materielle Absicherung mitberücksichtigt werden. Mit einem gewissen sozialen Status ein sinnvolles Leben ohne Erwerbsarbeit zu leben, ist möglich und anerkannt[203].

Um für die Modernisierungsrisiken nicht diejenigen verantwortlich zu machen, die davon am meisten betroffen sind, müßte die Fragestellung erweitert und weiterhin gefragt werden: Was macht Sozialarbeit dort, wo keine Arbeitsplätze vorhanden sind? Welche Ansätze hat Sozialarbeit, um auf regionale Unterschiede der wirtschaftlichen Entwicklung einzugehen, sowie auf die Segregation, die auch in prosperierenden Wirtschaftszentren stattfindet, ohne in einer schlecht funktionierenden Umverteilungspolitik innerhalb nationalstaatlicher Grenzen zu enden? Wie geht Sozialarbeit mit dem Problem der unterschiedlichen nationalen sozialen Sicherungssysteme um, z. B. bei der Forderung nach einem „garantierten Grundeinkommen"? Dieses sollte in Sizilien anders sein als in der Region um Frankfurt am Main. Wenn es gelingen würde, eine europaweite Regelung zu finden, um allen Menschen eine Lebensgrundlage zu bieten, die ein menschenwürdiges Überleben ermöglicht, wie soll dann eine Migrationspolitik aussehen, bei der auch die Ursachen von Migration mitberücksichtigt werden[204]? Allgemeiner gesprochen: Wie geht Sozialarbeit mit der Ausdifferenzierung und Entgrenzung der Lebenslagen in der postindustriellen Gesellschaft um?

Zwar steht in manch einem Artikel von Sozialarbeitern über Arbeitslose, daß noch ein Ansatz für diejenigen gefunden werden sollte, die nicht wiedereingeglie-

---

[203] Erich Beck meinte: „An beiden Enden des sozialen Spektrums gibt es eine Freizeitgesellschaft" (zit. nach Rotpunkt 4/94, S. 18). Das Leben eines Obdachlosen als Beispiel für ein gelungenes Leben ohne Erwerbsarbeit zu sehen, ist sicherlich zynisch. Sinnvolles Leben beinhaltet auch die Möglichkeit der Teilhabe an gesellschaftlichem Reichtum und Mitbestimmung. Erich Beck gehörte zu den Aussteigern der amerikanischen Wohlstandsgesellschaft der 60er Jahre, die den ganzen Sommer über im Yosemity Valley ihre Zeit ausschließlich mit Klettern verbrachten, was für ihn und andere Kletterer sicherlich die sinnvollste aller Lebensarten war. Finanziert haben sie diesen Lebensstil mit Jobben im Winter und Kleinkriminalität. Heute ist solches Tun dort auch nicht mehr möglich. Wegen der großen Zahl der Aussteiger und deren für die Geld zahlenden Touristen störendem Aussehen ist der Aufenthalt im „Valley" auf eine Woche begrenzt worden ist.

[204] Die Problematik der sogenannten Wirtschaftsflüchtlinge kommt zum Tragen: Politische Verfolgung ist laut §16 Grundgesetz der Grund Asyl zu gewähren, aber weder Hunger noch fehlende Teilnahmechancen bei der weltweiten Verteilung von Wohlstand (vgl. Weis 1989, S. 160).

dert werden können, konkrete Ansätze dazu gibt es sehr wenige[205]. Vorschläge kommen eher aus dem Bereich von politisierten Arbeitsloseninitiativen als von einem sozialarbeiterischen Verständnis her. In der Arbeitslosenzeitschrift Siesta findet sich folgender Absatz: „Unser provokatives Angebot nach außen wäre: Wir verzichten freiwillig auf die heiß umkämpfte Lohnarbeit des bestehenden Arbeitsmarktes, weil wir die Anforderungen nicht erfüllen können und wollen, auf den Leistungsstreß, Ausbeutung und Unterdrückung sowieso keinen Bock haben und viele Produkte und Dienstleistungen, die dort hergestellt und angeboten werden, überflüssig und zudem noch umweltschädlich sind. Als Verzichtsprämie werden dafür unsere selbstbestimmten Projekte finanziert. Ihr laßt uns mit eurer >in den ersten Arbeitsmarkt-Ideologie< in Ruhe, und wir probieren ein anderes Arbeiten aus, das vielleicht alle vor der Barbarei retten könnte"[206]. Dem ist als Forderung nicht allzuviel hinzuzufügen. Sozialarbeit sollte neben einem Einsatz für Qualifikations- und Motivationsmaßnahmen, einem weiteren Ausbau des zweiten Arbeitsmarktes[207] und Schaffung von Stellen dort, verstärkt über die Perspektiven und Problematiken, die mit einem Leben außerhalb des Systems Erwerbsarbeit zusammenhängen, nachdenken.

Abschließend soll darauf hingewiesen werden, daß auch eine radikale Arbeitszeitverkürzung nicht die Problematik von Arbeitslosigkeit und Armut auflösen kann. Ein Teil der Bevölkerung wird die Anforderungen von flexiblem High-Tech-Arbeitsmarkt und damit zusammenhängende pluralisierte Lebensformen nicht erfüllen können. Diese Menschen auszugrenzen oder ihnen einen Dienst-

---

[205] „Es wird nicht gelingen, alle betroffenen Arbeitslosen in den ersten Arbeitsmarkt zu integrieren. Für einen Teil müssen Arbeitsplätze auf einem zweiten Arbeitsmarkt geschaffen werden, und für einen Teil sind zusätzliche Maßnahmen erforderlich [welche??? Frage. d. Verf.]. Angesichts der bisher erzielten Erfolge von Maßnahmen für schwervermittelbare Arbeitslose, die nach einem ähnlichen Muster verfahren sind, lohnt sich ein Einsatz für die Problemgruppen des Arbeitsmarktes" (Gaß/Klemens/Krömmelbein/Schmid: Maßnahmen für schwervermittelbare Arbeitslose; in: Soziale Arbeit 5/94, S. 166). Abgesehen von einer Ideenlosigkeit zur Problematik des nichtvermittelbaren Restes, wird bei dieser Sichtweise überhaupt nicht auf die Bedürfnisse der Arbeitslosen geachtet. Der Ansatz hat die Vollbeschäftigung als Endziel aller Maßnahmen als Denkhintergrund und bietet keine Reflexion über den ausgeübten Druck für Betroffene. Die als „schwervermittelbar" Stigmatisierten können froh sein, daß sich wenigstens Sozialarbeiter um sie kümmern. Welche Macht hat ein Arbeitsmarkt, der Menschen als schwervermittelbar definieren darf?

[206] Siesta Herbst 1996, Heft 27, S. 12

[207] Zum Thema „Zweiter Arbeitsmarkt" sind 1997 zwei umfangreiche und interessante Dissertationen erschienen, auf die verwiesen wird:
a) Ehrlich, Volker: Arbeitslosigkeit und zweiter Arbeitsmarkt, Theoretische Grundlagen, Probleme und Erfahrungen, Frankfurt am Main 1997 oder als Dissertation direkt von an der TU Darmstadt zu bekommen
b) Trube, Achim: Zur Theorie und Empirie des Zweiten Arbeitsmarktes: Exemplarische Erörterung und praktische Versuche zur sozioökonomischen Bewertung lokaler Beschäftigungsformen, Münster 1997

botenstatus zuzuweisen, kann nicht Ziel von Sozialarbeit sein. Es geht in dem Diskurs um Arbeitslosigkeit nicht nur - wie fast durchgängig in der Tagespresse dargestellt[208] - um die Frage der Bezahlung und Arbeitszeit, sondern um Arbeitsinhalte und -formen[209] und damit um Zeit- und Gewaltstrukturen.

5. Utopien

Diese Arbeit bezieht sich vielfach auf die aktuellen Veröffentlichungen von Thomas Gil, Viviane Forrester und Jeremy Rifkin, wenn es um das Thema „Erwerbsarbeit und Zukunft der Arbeit" geht. Aus diesem Grund sollen die Ansätze der drei Autoren zur Utopie von Arbeit in dem folgenden Abschnitt kurz kritisch betrachtet werden. Zusammenfassend läßt sich sagen, daß für Viviane Forrester ein erster Schritt in die richtige Richtung eine Anerkennung der Tatsache wäre, daß das System Erwerbsarbeit überholt ist. Es wird im wesentlichen von denen

aufrechterhalten, die bei der Exploitation ihrer Mitbürger profitieren. Sie fragt, ob Menschen ihr Leben verdienen müssen, um anerkannt zu werden und ob das Aufrechterhalten des Arbeitszwanges bei gleichzeitiger Chancenlosigkeit im Suchen nach einem Arbeitsplatz nicht vor allem die Aufgabe hat, die Suchenden von ihrer Nichtigkeit zu überzeugen. Damit soll erreicht werden, daß diejenigen, die später in der Arbeit geknechtet werden, noch um diese betteln. Ihr geht es darum, endlich anzuerkennen, daß das Aufrechterhalten der Illusion der Lohnarbeitsgesellschaft der Unterdrückung von Menschen dient. Ihre Lösung wäre die Anerkennung dieser Mechanismen und eine „Freisetzung" im Sinne des Wortes aus ihnen. Der Mangel an Lohnarbeit soll zur Grundlage der Zukunftsüberlegungen gemacht werden. Anstelle eine immer größer werdende Masse der Menschen als

---

[208] exemplarisch: vgl. BZ vom: 29.7.1997 „ÖTV: Arbeitszeit für Beschäftigung kürzen"; BZ vom 31.7.1997 „Arbeitslosigkeit kostet 180 Milliarden Mark"; BZ vom 9.7.1997 „Die Mittel zur Arbeitsförderung werden kaum genutzt"; BZ vom 16.9.1997 „Ein Leben lang malocht - und dann plötzlich das"; BZ vom 4.10.1997 „Katholiken für Pakt für Arbeit"; Süddeutsche Zeitung vom 4.9.1997 „Wirtschaftskraft der Zukunft"

[209] vgl. Siesta Nr. 27, Herbst 1996, S. 12

„Sklaven" zu halten, soll ihnen ein Leben zwar in materiellem Elend, aber dafür in Würde und mit der Möglichkeit der Selbstgestaltung ermöglicht werden. Viviane Forrester macht keine konkreten Vorschläge, wie dieses aussehen oder gestaltet werden könnte, ihr geht es um das Aufzeigen von Unterdrückungsstrukturen und eine Befreiung aus diesen[210]. In einem Interview spricht sie davon, daß sie nicht gegen eine Globalisierung und den Einsatz moderner Technologien ist. Dies wäre ihrer Meinung nach auch absurd, da es sich um eine historische Entwicklung handelt, gegen die man sich nicht stellen kann. Sie will vielmehr, daß sich Politik ebenfalls mit dieser Entwicklung beschäftigt und das Handeln nicht den Propheten und Spekulanten der Marktwirtschaft überläßt, was zur Folge hätte, daß die Mehrheit der Bürger als Statisten zu Opfern dieser Veränderungen werden. Forrester will, daß von der Globalisierung, die eine Utopie war und ein Segen sein könnte, alle profitieren[211].

Jeremy Rifkin macht konkrete Vorschläge zur gesellschaftlichen Umgestaltung. Er sieht eine umfassende Arbeitszeitverkürzung und Freizeitausgleich als einen Weg, um mit dem postmarktwirtschaftlichen Zeitalter positiv umzugehen. Hinzu sollte der Ausbau und die Finanzierung des „Dritten Sektors" der gemeinnützigen Arbeit kommen, in welchem die alten Werte der amerikanischen Gesellschaft wieder aufleben sollen. Die gemeinnützige Tätigkeit, die - da unbezahlt - „besser" sei als die lohnabhängige Arbeit, könnte die Lösung für eine gerechtere Gesellschaft sein. Eine Zukunftsmöglichkeit der Bürger wäre, ihr Heil in Schattenwirtschaft oder Kriminalität zu suchen. Aber die US-Bürger hätten ihre Freiwilligenorganisationen so weit wie kein anderes Land auf der Welt entwickelt. Diese böten „eine Art Zufluchtsort", wo die Bürger durch eine Mitarbeit „ihr Gefühl persönlicher Isolation und Entfremdung überwinden und an echter Gemeinschaft teilhaben"[212] könnten. Rifkin meint, die US-Bürger hätten in ihrer Pionierkultur diesen Dritten Sektor als Instrument der gegenseitigen Hilfe geprägt, der jeden US-Bürger erreicht und dem mehr zu verdanken sei als staatlichen Hilfsorganisationen und dem Markt[213]. Unkritisch hinterfragt er nicht, ob es nicht gerade auch die Denkweise des „jeder kann alles erreichen, wenn er nur will" ist, der den Egoismus des „American way of life" ermöglicht und die in den USA herrschende Armut begründet hat. Im übrigen ist der Reichtum der amerikanischen Gesellschaft auf der Vertreibung und Vernichtung der indigenen Ureinwohner und deren Kultur gelegt worden[214] bzw. auf der Ausbeutung der natürlichen Ressourcen Südamerikas[215] und der menschlichen Ressourcen Afrikas.

---

[210] vgl. Forrester 1997

[211] vgl. Altwegg 1997, S. 45

[212] beides zit. nach Rifkin 1995, S. 185

[213] vgl. Rifkin 1995, S.185

[214] vgl. Davis 1994, S. 35ff und vgl. Lang 1983, S. 135ff

[215] vgl. Eduardo Galeano: Die offenen Adern Lateinamerikas, Wuppertal 1991

Rifkin meint, daß alle Staaten eine Alternative zur Erwerbsarbeit finden müssen. Für Rifkin ist aber Arbeit weiterhin notwendig. Wenn menschliche Arbeitskraft bei der Herstellung von Waren nicht mehr benötigt wird, sollen Menschen ihre Zeit sinnvoll bei einer Arbeit im Dritten Sektor verbringen. Ein Grundeinkommen will er an eine gemeinnützige Arbeit koppeln. Seine Gesellschaft soll gemeinschafts- und dienstleistungsorientiert sein, mit Vorgaben durch den Staat, damit die Gesellschaft nicht in „Tausende örtlicher Gruppen ohne einheitliche Zielsetzung zerfällt"[216].

Rifkin plädiert für ein garantiertes Grundeinkommen - wobei er allerdings nur auf die Vorschläge Milton Friedmans verweist[217] - und fordert eine Teilhabe aller Menschen an dem durch Wenige und Maschinen erwirtschafteten Kapital, etwa durch Mehrwertsteuern für High-Tech-Produkte und Dienstleistungen. Er sieht die Anfänge zu einem globalisierten Dritten Sektor. Vor allem in den Ländern des Trikonts spielt der Markt keine Rolle, da die Menschen dort zu arm seien, um dem Markt etwas bieten zu können, daher spielten die NGO's eine zentrale Rolle bei dem Aufbau der Infrastruktur[218].

Rifkin vertritt damit eine neokolonialistische Sichtweise,

a) weil die von ihm gelobten NGO's meistens aus der Bedrohung der Lebensräume und Lebensweise durch eben jenen Markt entstanden sind, der sie jetzt fördern soll,

b) weil ein solidarisches Miteinander ebensogut die Grundlage der menschlichen Kultur sein und dieses eher von den indigenen Kulturen gelernt werden könnte, als daß diese es nötig hätten, sich darüber vom westlichen Kapitalismus etwas beibringen zu lassen,

c) weil er nationale und internationale Machtverhältnisse außer acht läßt[219].

Letztendlich wird sich Rifkins Meinung nach die dritte industrielle Revolution durchsetzen, was dazu führt, daß eine breite Schicht keine Lohnarbeit bekommt

---

[216] Rifkin 1995, S. 192

[217] Interessant in diesem Zusammenhang ist, daß Rifkin zwar über das „Ende der Arbeit" schreibt, aber für das neoliberale Modell des Grundeinkommens plädiert, was Milton Friedman ausdrücklich mit dem Hintergrund erdacht hat, einen strukturellen Zwang zur Niedriglohnarbeit zu schaffen.

[218] vgl. Rifkin 1995, S. 202ff

[219] So schreibt Rifkin: „Der Zusammenbruch der internationalen Märkte für landwirtschaftliche Produkte [durch Einführung der Biotechnologien; Anm. d. Verf.] könnte in den Ländern des Südens eine wirtschaftliche Kettenreaktion auslösen und am Ende zu einer internationalen Finanzkrise ungeahnten Ausmaßes führen. Unsere Zivilisation könnte einen Rückschlag erleiden, von dem sie sich jahrhundertelang nicht mehr erholt" (Rifkin 1995, S. 211). Nach wie vor sind es die reichen Industrienationen, die diese Technologie entwickeln und gleichzeitig die Welthandelspreise diktieren, wie Rifkin selber nachweist und die eigentlich auch die Verantwortung für dieses Tun übernehmen müßten, das Rifkin den NGO's im Trikont aufbürdet (vgl. Rifkin 1995, S. 211f).

oder die bisherige verliert und sich die Gesellschaft polarisiert. Ob dies zu Bür-
gerkriegen, Gewalt und Auseinanderdriften der zerfallenden Gesellschaft führt
oder zu einem egalitären Miteinander, ist für Rifkin fraglich.

Auch Thomas Gil plädiert bei seinen Überlegungen zur Zukunft der Arbeit für ein
Grundeinkommen, welches es den Individuen als „freien, mündigen Bürgern und
Bürgerinnen ermöglicht, in Freiheit ihr Leben zu gestalten"[220]. Er geht von der
Funktion der Arbeit und ihren Veränderungen aus. Menschen dürfen nicht mehr
wie bisher geschehen als Arbeitskräfte definiert und die Aufteilung ihrer Lebenszeit über die Arbeitszeit bestimmt werden. Der Staat soll eine andere, partner-
schaftliche Rolle einnehmen, die auf effektive und intelligente Weise eine poly-
zentrische, nachhaltige Entwicklung fördert.

Eine Arbeitskultur der Kooperation und der Diskursivität wird gefordert, ebenso
wie eine andere Wirtschaftspolitik mit Arbeitszeitverkürzung, Verlagerung und
Ausbau der Dienstleistungen, weiterhin ein ökologischer Umbau der Wirtschaft,
der nur diejenigen Technologien zuläßt, die eine langfristige, nachhaltige Verbesserung der Produkte als Ziel hat. Gil plädiert auch für einen deutlichen Ausbau
des Dritten Sektors, der - staatlich finanziert - ein Arbeiten jenseits des einzel-
wirtschaftlichen Gewinnkalküls ermöglichen soll. Alle diese Veränderungen sollen aber nicht von oben als Herrschafts- und Disziplinierungsmittel durchgesetzt
werden. Die Vervielfältigung von Arbeits- und Tätigkeitsformen ist kollektives
Gut, welches handlungssouveränen Individuen ein autonomeres Leben ermöglichen soll, individuell und kollektiv geplant und gestaltet. Dabei sollen die
Methoden der Erreichbarkeit so wichtig wie das Ziel sein. In vielen Fällen entsprechen sich Methode und Ziel.

Gil zitiert Ernst Ulrich von Weizsäcker bei der Benennung von Faktoren, wie ein
nachhaltiges Wirtschafts-'wachstum', beziehungsweise ein qualitativer Umbau
ermöglicht werden könnte[221]. Gil fordert eine andere Denk- und Handlungsweise,
um eine realistische Zukunftsperspektive zu schaffen, allerdings ohne diese zu
konkretisieren[222].

[220] Thomas Gil 1997 „Sozialphilosophie der Arbeit", S. 73

[221] Die Kriterien sind Sauberkeit, Energieproduktivität, Rohstoffproduktivität, ökologische
Flächennutzung, hohe Informationsintensität und Miniaturisierung, Fehlerfreundlichkeit sowie
Eignung zur Eigenarbeit. (vgl. Ernst Ulrich von Weizsäcker, zit. nach Gil 1997, S. 78). Dem
Verfasser ist nicht bekannt, ob es ähnliche Kriterien für soziale Projekte gibt, die einen be-
stimmten Anspruch erfüllen sollen, wie Aufbau längerfristiger Arbeitsplätze, eigengestaltbare
Arbeitszeiten, Möglichkeit zur Gruppenarbeit, usw. Vielleicht könnte dies im Zuge der Qualitätsdiskussionen sozialer Arbeit geschehen. Diese Anforderungen müßten auf die Bedingungen
der Arbeitenden bezogen sein und nicht nur auf die abstrakte Arbeitsleistung an sich, nach dem
Motto: Motivierte, zufriedene Mitarbeiter ergeben zufriedenere Kunden, ohne die Bedingungen zu berücksichtigen, unter denen die Sozialen Dienste arbeiten. Diese ist oft mit Selbstaus-
beutung im Dienste der „Klienten" verbunden.

[222] vgl. Gil 1997, S. 79

6. Armut

Ein vollständiges Leben außerhalb des Systems Erwerbsarbeit dürfte zumindest in finanzieller Hinsicht kaum möglich sein. Ein Leben am Rande dieses Systems bedeutet oft Armut, mangelnde Altersversorgung und fehlende soziale Absicherung. Ulrich Keuch weist aber darauf hin, daß dies nur für diejenigen gilt, die auf Lohnarbeit als Lebensunterhalt angewiesen sind[223]. Rentner als ehemalige Lohnarbeiter oder Vermögende können sich andere Lebensentwürfe leisten, ihr sozialer Status gehört zur ersten Realität[224].

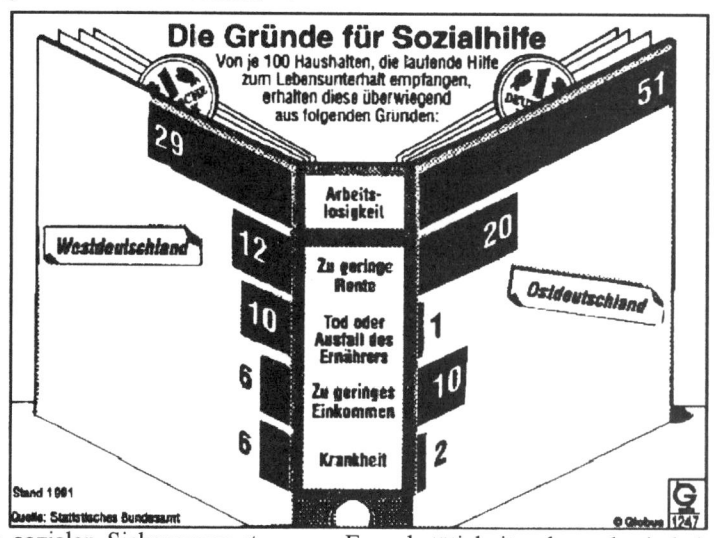

Da die sozialen Sicherungssysteme an Erwerbstätigkeit gekoppelt sind, ist der Zusammenhang zwischen Arbeitslosigkeit und zunehmender Armut wichtig. Daß Armut vielfach durch Arbeitslosigkeit bedingt ist, kann als gesichert gelten. Hingewiesen sei auf die Veröffentlichung von Petra Schmolling[225], die einen breiten Überblick über Armutsforschung, Armutsdefinitionen und einen sozialgeschichtlichen Überblick zu dem Thema Armut seit Entstehung der Bundesrepublik gibt. Obwohl es inzwischen einige Veröffentlichungen über Armut gibt, verweist Schmolling auf eine fehlende Forschungstradition in der Bundesrepublik ähnlich der in angelsächsischen Ländern[226]. Der Deutsche Caritasverband hat einen Armutsbericht vorgelegt, der sowohl die Problematik darlegt, als auch auf Konse-

---

[223] vgl. Keuch 1996, S. 7

[224] siehe Kapitel 4.5 „Zeitliche Segregation und Entstehung zweier Realitäten"; vgl. Negt 1987, S. 67f

[225] Schmolling, Petra: Die Armut in der Bundesrepublik Deutschland im Kontext gesellschaftlicher und politischer Entwicklungen, Hamburg 1994

[226] vgl. Schmolling 1994, S. 5

quenzen für die Arbeit des Verbandes hinweist[227]. Beate Werth zeigt in ihrer Arbeit die Zusammenhänge zwischen Wirtschaftsentwicklung, Arbeitsmarkt, Sozialpolitik und Armut auf[228]. Sie konkretisiert die Problematik anhand einer Untersuchung in einem sozialen Brennpunkt, wobei sie auch auf die Rolle von Sozialarbeit eingeht, die sie als primär kompensatorisch beschreibt[229]. Eine weitere Veröffentlichung zum Thema kommt von Walter Hanesch, der innerhalb seiner Arbeit die Ansätze zur Schaffung eines garantierten Grundeinkommens vorstellt und sich kritisch mit diesen auseinandersetzt. Er lehnt ein Grundeinkommen ab und plädiert für eine Umgestaltung des Systems der Sozialhilfe[230]. Weitere Literaturhinweise zum Thema Grundeinkommen als eine Antwort auf die Armutsproblematik finden sich bei Konrad Maier[231]. Zur Armutsproblematik hat es im sozialarbeiterischem Diskurs etliche Veröffentlichungen gegeben. Exemplarisch dazu sei die von Peter Erath genannt, in der sich weitere Literaturhinweise finden[232]. Wie schon im Kapitel 2.1 angesprochen, verändert sich die Armutsproblematik durch Globalisierung und Regionalisierung von Problemlagen. Dies schafft andere Ausgangspositionen für eine an nationale Grenzen gebundene Armutspolitik, auf die die bis jetzt genannten Veröffentlichungen nicht eingehen. Ein Überblick über die Problematik und Ansätze zur Bearbeitung liefert sich bei Ernst-Ulrich Huster[233]. Eine gelungene, nicht nur theoretische Abhandlung zum Thema Armut findet sich bei Gabi Gillen[234].

---

[227] Hauser, Richard/Hübinger, Werner: Arme unter uns Teil 1 - Ergebnisse und Konsequenzen der Caritasarmutsuntersuchung. Herausgegeben vom Deutschen Caritasverband e. V., Freiburg 1993

[228] Werth, Beate: Alte und neue Armut in der Bundesrepublik Deutschland, Berlin 1991

[229] vgl. Werth 1991, S. 315ff

[230] Hanesch, Walter: Armutspolitik in der Beschäftigungskrise, Wiesbaden 1988

[231] vgl. Maier 1993, S. 262

[232] Erath, Peter: Armut in Deutschland als Herausforderung an die Sozialarbeit, in: Archiv für Wissenschaft und Praxis der Sozialen Arbeit 1/1996; S. 57ff

[233] Huster, Ernst-Ulrich: Armut in Europa, Opladen 1996

[234] Gillen, Gabi: Armut in Deutschland, Bonn 1992. Eine nur theoretische Abhandlung zum Thema läßt sehr schnell vergessen, daß es sich immer um Menschen und konkrete Schicksale handelt, die sich hinter Zahlen allzu leicht verbergen lassen. Sozialarbeit sollte immer wieder den Sprung leisten können einerseits mit konkreten Schicksalen umzugehen, aber nicht die überindividuelle Seite zu vergessen und andererseits bei den Zahlenspielereien auf die konkreten Auswirkungen zu verweisen. Eine Kürzung der Sozialhilfe oder eine Änderung des Arbeitsförderungsgesetzes hat unmittelbare und nicht nur theoretische Auswirkungen auf das Leben betroffener Menschen und deren Angehörige.

6.1 Garantiertes Grundeinkommen

Eine mögliche Antwort auf durch Arbeitslosigkeit verursachte Armut ist die Einführung eines garantierten Grundeinkommens. Ein solches in angemessener Höhe wird auch von Arbeitsloseninitiativen gefordert[235]. Hiermit soll eine Verelendung verhindert werden. Darüber hinaus sind die Absichten, die hinter der Forderung stehen, genauso unterschiedlich wie vorgeschlagene Formen und Finanzierungsmöglichkeiten. Die Vorschläge zu einer Einführung eines Mindesteinkommens lassen sich auf drei Grundmodelle reduzieren:

a) Die Sozialdividende / Mindesteinkommen: Jeder Bürger erhält einen festen Betrag, der das Existenzminimum abdecken soll. Bedürftigkeit wird nicht geprüft, die gesamte Sozialbürokratie fällt weg.

b) Die negative Einkommenssteuer / Bürgergeld: Anstelle der bisherigen Sozialleistungen wird eine Nulllinie in Höhe eines sozial akzeptablen Niedrigeinkommens festgelegt. Liegt das Einkommen unter dieser Linie, wird entsprechend der Degression des Einkommens vom Finanzamt eine Zuzahlung geleistet, liegt das Einkommen über der Nullinie wird progressiv Einkommenssteuer gezahlt.

c) Die soziale Grundsicherung: Das bisherige Sozialversicherungssystem bleibt bestehen und wird ergänzt durch eine beitragsunabhängige Sockelung von Auszahlungen für bestimmte Gruppen. Der Bund finanziert die soziale Grundsicherung mit, verwaltet wird sie von den Versicherungssystemen.

Die einzelnen Varianten, die Hintergründe, seien es armutspolitische Überlegungen wie bei der sozialen Grundsicherung, der Versuch einen strukturellen Zwang für einen Niedriglohnsektor zu errichten wie bei der negativen Einkommensteuer oder der Versuch eines ökosozialen oder libertären Umbaus der Gesellschaft wie beim Mindesteinkommen, sollen hier nicht diskutiert werden. Die Idee eines Grundeinkommens ist keine neue, und inzwischen existiert etliche Literatur zum Thema[236]. Um ein einigermaßen abgesichertes Leben ohne Lohnarbeit zu ermög-

---

[235] vgl. Bättig 1997, S. 35

[236] Hier eine unvollständige Auflistung, wobei sich in den einzelnen Publikationen meistens Hinweise auf weitere zum Thema finden:

   a) Otto 1996: Braucht die Civil Society das Bürgergeld?

   b) Wolski-Prenger/Rothardt 1996: Soziale Arbeit mit Arbeitslosen, S. 79-92

   c) Hauser/Hübinger 1993: Arme unter uns, S. 19-27

   d) Hanesch 1988: Armutspolitik in der Beschäftigungskrise, S. 183-217

   e) Maier 1993: Zur Neudefinition des politischen Auftrags von Sozialarbeit nach dem Ende der Utopie; Literaturliste S. 261f

   f) Maier 1996: Für ein menschenwürdiges und sinnerfülltes Leben auch ohne Erwerbsarbeit ; in: Diakonie 1/2 1996; Literaturliste S. 59

lichen, kommt nur eine emanzipatorische Variante eines Grundeinkommens in Frage, wie sie auch von Arbeitsloseninitiativen immer wieder gefordert worden ist[237]:

a) Es wird ein Rechtsanspruch auf ein ausreichendes, existenzsicherndes, personenbezogenes, geschlechtsneutrales, allgemeines Grundeinkommen ohne Verpflichtung zur Lohnarbeit geschaffen.

b) Ein gesetzlicher Mindestlohn für Lohnarbeit wird durchgesetzt, um eine Subventionierung im Niedriglohnsektor durch das Grundeinkommen zu verhindern.

c) Eine radikale Arbeitszeitverkürzung wird angestrebt, um denjenigen, die wollen, einen Arbeitsplatz anbieten zu können[238].

Ein Leben in Armut bedeutet eine permanente Auseinandersetzung mit dieser Lebenslage und läßt keine Ressourcen, die es erlauben, mit den Faktoren Nichterwerbstätigkeit und Zeitgestaltung kreativ umgehen zu können. Eine ausreichende materielle Absicherung macht erst eine sinnvolle Lebensgestaltung ohne Lohnarbeit möglich, so daß die obigen Forderungen zunächst zu genügen scheinen. Neben der Frage einer politischen Durchsetzbarkeit der Forderung nach einem ausreichenden Grundeinkommen sind aber noch andere Gesichtspunkte zu beachten: Die angeführten Forderungen bleiben auf den Nationalstaat begrenzt, und auch hier wird eine Regionalisierung von Lebenslagen zuwenig beachtet. Gegebenheiten wie Mieten und Lebenshaltungskosten sind lokal unterschiedlich, so daß ein „ausreichendes" Grundeinkommen regional definiert und angepaßt werden müßte. Damit würde eine erneute Bürokratisierung des Grundeinkommens erfolgen. Eine radikale Arbeitszeitverkürzung ist wegen der Hochkomplexität vieler Tätigkeiten längst nicht für alle Arbeitsfelder möglich, eine Umverteilung von Einkommen und Arbeitszeit statt einfacher Verkürzung wäre wahrscheinlich angemessener. Es gibt Vorschläge, bei Entlassungen Aktien als Abfindung an Arbeitslose zu geben, von deren Dividenden sie ihren Lebensunterhalt bestreiten könnten[239]. Damit wären aber nur ehemalige Lohnarbeiter an der Umverteilung der Unternehmensgewinne beteiligt und nicht die Allgemeinheit. Im Sinne einer Selbstgestaltung und Eigenverantwortlichkeit kann es nicht nur um eine rein finanzielle bürokratisierte, Absicherung von Arbeitslosigkeit gehen. Die Mitgestaltung von Lebenswelten und Gesellschaft gehört gleichrangig neben die Forderung der Armutsverhinderung.

---

g) Büchele/Wohlgenannt: Grundeinkommen ohne Arbeit, Wien 1985

[237] Exemplarisch dazu: Michael Bättig von der Arbeitslosenselbsthilfe Oldenburg 1997, S. 35

[238] Dieses emanzipatorische Grundeinkommen geht zurück auf Forderungen, die abgedruckt worden sind in: „Alternative" 7/8 - 1996, Zeitschrift der GE - Alternative GewerkschafterInnen, S. 107

[239] Altwegg 1997, S. 44

7. Recherche über den aktuellen Diskurs zum Thema

Nach einer ausführlichen Recherche zum Thema Theorie und Praxis von Ansätzen zur Gestaltung von Leben ohne Erwerbsarbeit läßt sich konstatieren, daß Sozialarbeit sich äußerst begrenzt mit dem Thema beschäftigt, daß es keine theoretischen Ansätze dazu gibt und kaum Projekte. Um zu dieser Aussage zu kommen, wurde eine „Individuelle Recherche" beim Deutschen Zentralinstitut für Soziale Fragen durchgeführt, die als Ergebnis eine Auflistung von 109 Artikeln, Monographien und Zeitschriftenaufsätzen aus Monographien seit 1990 hatte. Diese wurden ausgewertet. Eine weitere Recherche zum Thema wurde über die Datenbank „CICADE" des Comenius-Instituts durchgeführt. Hier sind 62 Zeitschriften für Theorie und Praxis der Sozialen Arbeit und Religionspädagogik seit 1985 verschlagwortet. Daneben sind zehn in der Bibliothek der Evangelischen Fachhochschule und der Caritas-Bibliothek Freiburg zugängliche Zeitschriften[240] anhand Überschriften und des Jahresüberblickes auf relevante Artikel hin ausgewertet worden, außerdem die Neuerscheinungen zum Thema Arbeitslosenarbeit der letzten Jahre, soweit zugänglich und relevant[241]. Zusammenfassend läßt sich

---

[240] 1) Aus Politik und Zeitgeschichte 2) Das Baugerüst 3) Caritas 4) Diakonie 5) Neue Praxis 6) Soziale Arbeit 7) Soziale Welt 8) Sozialmagazin 9) Sozialpädagogik 10) Theorie und Praxis der Sozialpädagogik

[241] *1) Wolski-Prenger/Rothardt: Soziale Arbeit mit Arbeitslosen, Weinheim/Basel 1996;* Die Autoren stellen ein integratives Modell der Arbeitslosenarbeit vor (S. 139f), welches Beratung als Mittelpunkt hat. Sie verweisen als wichtiges Aufgabenfeld und zugleich Methode auf die soziale Gruppenarbeit (S. 143), politische Arbeit beschränkt sich auf Öffentlichkeitsarbeit, Infostände und Demonstrationen (S. 144). Im Zusammenhang mit der Beantragung von ABM - Stellen halten sie einen Aufgabenkatalog für hilfreich, den das Landesarbeitsamt Nordrhein-Westfalen (NRW) zusammengestellt hat. Dort wird verwiesen auf „Schaffung von Betätigungsmöglichkeiten" z. B. Aufbau und Begleitung kleiner Werkstätten und eines Pools von Aushilfstätigkeiten, sowie die „Schaffung von Freizeitmöglichkeiten" (S. 140). Wie schon erwähnt, läßt sich Freizeit nur in negativer Abgrenzung von Erwerbsarbeit definieren. Die kleinen Beschäftigungsprojekte und Jobbörsen werden im weiteren Verlauf des Buches unter ferner liefen abgehandelt (S. 145).

2) Wolski-Prenger (Hrsg.): Arbeitslosenarbeit, Opladen, 1996; „Weiterhin muß [Arbeitslosenarbeit, Anm. d. Verf.] die schöpferische Kraft, die in den Menschen ist, freisetzen helfen" (S. 65). Zur Konkretisierung dieses Vorschlages fällt das Schlagwort der Erwerbslosenbildung, ansonsten keine weiteren Vorschläge. Kieselbach hebt in einem Beitrag noch einmal auf die proaktiven Arbeitslosen ab. Inzwischen meint er aber kritischer als in seinen früheren Veröffentlichungen, daß proaktive Arbeitslose in der Regel eine höhere berufliche Qualifikation besitzen, auch in früheren Beschäftigungssituationen proaktiv waren, die Untersuchungen nicht repräsentativ genug seien und erhebliche Mißbrauchsmöglichkeiten durch Sozialpolitik bestünden. Die Coping-Strategien Arbeitsloser auf breiter Basis zu untersuchen, wäre sicherlich ein interessantes Feld für eine multidimensionale Sozialarbeitsforschung und notwendig, um Projektansätze auf eine empirische Basis stellen zu können.

3) Friedrich/Wiedemeyer: Arbeitslosigkeit - ein Dauerproblem im vereinten Deutschland? Opladen 1994; Die Antwort der Autoren auf die Problematik ist die Förderung von

sagen: Wenn sich Sozialarbeit mit Arbeitslosen mit Leben ohne Erwerbsarbeit beschäftigt, tut sie dies entweder gar nicht, stigmatisierend oder nur für Randgruppen zulässig. Diese sind entweder Jugendliche („die müssen ins Erwerbsleben rein") oder Alte („die sind zu früh draußen und brauchen jetzt einen Ersatz") oder Behinderte / Kranke / sozial Schwache etc. („die sollen wieder eingegliedert und/oder versorgt werden").

Sicherlich werden in vielen Arbeitslosenprojekten oder Beratungsstellen Hilfestellungen zur lebenspraktischen Bewältigung gegeben, bei der Ansätze und Praxiserfahrungen zum Leben ohne Erwerbsarbeit gesammelt werden. Diese werden aber weder veröffentlicht noch unter diesem Gesichtspunkt gesehen.

Beschäftigungsinitiativen und –gesellschaften auf lokaler und regionaler Ebene zur Schaffung eines zweiten Arbeitsmarktes (S. 172ff).

4) Wolski-Prenger: „Niemanden wird es schlechter gehen..!" Armut, Arbeitslosigkeit und Erwerbslosenbewegungen in Deutschland, Köln 1993

5) Kieselbach/Wacker (Hrsg.): Bewältigung von Arbeitslosigkeit im sozialen Kontext, Weinheim 1991

6) Oppl/Radke/Stiller (Hrsg.): Soziale Beschäftigungsformen - Zur Zukunft der Arbeit, München 1991; Hegner meint in einem Kapitel, Erwerbsarbeit müßte neu verteilt werden und unbezahlte Gebrauchs- und Eigenarbeit neu und richtig bewertet werden, damit Erwerbsarbeit von einem Teil ihrer ökonomischen und psychosozialen Funktionen entlastet werden kann (S. 28). Eine Statuskompensation könnte [in dieser Reihenfolge! Anm. d. Verf.] im häuslichen Bereich, bei der Gartenarbeit, im politischen oder verbandlichen Bereich erfolgen. Er meint allerdings gleich einschränkend, daß dies auch nur von einem Teil der sozialen Umgebung akzeptiert würde (S. 30). Hegner verweist auf die individuell zu leistende Neustrukturierung von Zeit, wobei erwerbsfreie Zeit mit Freizeit gleichgesetzt wird!!! (S. 55), wiederum 1) durch Muße und Freizeit, 2) für Eigenbedarfsdeckungen durch unbezahlte Gebrauchsarbeit, 3) für unbezahlte Bedarfsarbeit durch Ehrenamt, Selbsthilfe und Gemeinnützigkeit. Initiativen seien wichtiges Experimentierfeld für soziale und ökologische Innovationen beim Übergang von der Einbahn- zur Zweibahngesellschaft (S. 55). Böhringer meint, Soziale Arbeit müsse sich vorrangig um die „Rausgeschmissenen" kümmern, und zwar durch den Aufbau dauerhafter Hilfen, Institutionalisierung und damit finanzieller Absicherung von Beschäftigungsprojekten. Seine Zielvorstellung ist die Hilfe zur Arbeit als Systembestandteil ganzheitlicher adressatenorientierter Hilfe (S. 91ff). Böhringer weigert sich im Gegensatz zu Hegner, Beschäftigungsprojekte als Experimentierfeld anzusehen. Er meint, daß die geforderte Ehrenamtlichkeit dem projizierten Wunsch saturierter Mittelständler nach gesellschaftlichen Experimenten entspringen würde, die diese selbst zu leisten nicht bereit sind. Beide Sichtweisen sind problematisch: Arbeitslose dürfen nicht beliebiges Experimentiermaterial für neue Ehrenamtlichkeit werden und gleichzeitig wird sich ein vollfinanzierter zweiter oder dritter Arbeitsmarkt weder bezahlen noch durchsetzen lassen. Zudem besteht immer die Gefahr der Bevormundung und willkürlicher Kürzung bei Mittelmangel. Göbel plädiert für die Einführung einer Beschäftigungspflicht für Langzeitarbeitslose. Dieser doppeldeutige Vorschlag wird dahingehend präzisiert, daß Betriebe ab einer bestimmten Größe ähnlich der Behindertenquote Langzeitarbeitslose einstellen müssen. Er meint, dies sei im Sinne des Sozialstaatsgebotes. Ein solcher Vorschlag erscheint in der derzeitigen politischen Situation unangemessen und realitätsfern.

Dieter Oelschlägel berichtet in dem Tagungsbericht „Alles im Griff"[242] über Lebensbewältigungsstrategien in einem Sozialen Brennpunkt, die mit dem Begriff einer Ökonomie der Gegenseitigkeit gefaßt werden können und damit ein Beispiel für einen solchen Ansatz sind. Dies wird aber unter der Methode Gemeinwesen- arbeit gesehen oder als Armutsbewältigungsstrategie subsumiert und nicht in dem oben angesprochenen Kontext „erforscht". Armut sei ein Vollzeitberuf, wenn in Armut ein halbwegs geordnetes Leben geführt werden soll, heißt es in einem Zeitungsartikel im Anhang der oben genannten Tagungsdokumentation. Dies impliziert, daß ein „Armer" (Mensch) sein Chaos gerade noch im Griff hat und dringend die Hilfe der Sozialarbeit braucht, um damit fertig zu werden. Eine weniger stigmatisierende Sichtweise des Themas könnte zu einer ressourcen- orientierten Auseinandersetzung führen, wie es ein Mensch unter widrigen Umständen fertigbringt, sein Leben mit Sinn zu erfüllen und welcher Methoden er/sie sich dabei bedient. Eine interessante sozialwissenschaftliche Untersuchung wäre es festzustellen, wie Tagesabläufe „armer Menschen" oder Arbeitsloser zeitlich strukturiert sind[243], welches ihre zeitaufwendigsten Tätigkeiten sind und wo sich so etwas wie Freizeit schaffen ließe. Mit dem Ansteigen von Arbeits- losigkeit und Armut werden die bisherigen, oft defizitorientierten Ansätze wenig hilfreich sein und vielleicht mehr schaden als nützen.

---

[242] Oelschlägel 1991

[243] Solche Untersuchungen werden Zeitbudgetstudien genannt (vgl. Offe/Heinze 1990, S. 26ff). Diese existieren auf breiter empirischer Basis nur für die Strukturierung von Erwerbsarbeit.

8. Ansätze und Projekte zum Leben ohne Erwerbsarbeit

Franz Josef Krafeld liefert in seinem Buch „Anders leben lernen"[244] eine Begründung, warum Soziale Arbeit für Jugendliche sich wegorientieren sollte von berufsfixierten Ansätzen. Ausgehend von seiner Begründung soll ein Bogen zur Arbeitslosenarbeit geschlagen werden. In diesem Kapitel werden zwei Projekte vorgestellt, die Arbeitslosenarbeit im weitesten Sinne leisten, unter Einbezug der Thematik „Leben ohne Erwerbsarbeit" und „Regionalisierung von Lebenslagen". Weiterhin wird auf Tauschringe und deren Vernetzungsmöglichkeiten eingegangen.

8.1 Wie kann Leben ohne Erwerbsarbeit unterstützt werden?

Stellt sich Sozialarbeit der Problematik des Lebens ohne Erwerbsarbeit, so bedeutet dies ein Zulassen von „Suchbewegungen"[245]. Die Verfasser eines lesenswerten Pamphlets, die sich „Die glücklichen Arbeitslosen" nennen, sind „auf der Suche nach unklaren Ressourcen", um anzudeuten, daß es hier keine Tradition mehr von gegenseitiger Ökonomie und Leben ohne Lohnarbeit gibt[246].

Nimmt Sozialarbeit die These von den „bruchstückhaften Lebensläufen", auch „Bastelbiographien" genannt, ernst, so sollte sie solche individuellen Suchbewegungen unterstützen und versuchen, Projekte zu initiieren, die „suchende Ausflüge und Streifzüge in verschiedene Felder der Bewältigung des Lebensalltages jenseits strukturgebender berufsfixierter Lebensorientierungen und Lebensrealitäten ermöglichen"[247]. Auch die Macher des ZWAR - Projektes verweisen auf die Bedeutung von Suchprozessen. Ihrer Meinung nach müßte Soziale Arbeit sich dahingehend entwickeln, daß sie Netzwerke anbietet, die „sich den jeweils aktuellen Bedürfnissen nach Hilfe, Unterstützung und Information anpassen"[248]. Menschen werden immer weniger die Chance haben, ein Lebenskonzept erfolgreich zu leben, welches sich ausschließlich an einer durchgängigen Lohnarbeit orientiert. In vielen Fällen wird ein solches Konzept kontraproduktiv und zerstörerisch wirken, da es abhängig von einer unsicheren

---

[244] Franz Josef Krafeld: Anders leben lernen: Von berufsfixierten zu ganzheitlicheren Lebensorientierungen, Weinheim 1989

[245] vgl. Krafeld 1989, S. 55

[246] Zeitschrift „Sklaven" H. 38/39 1997, S. 7

[247] vgl. Krafeld 1989, S. 72; Krafeld meint im folgenden, daß das Privileg der suchenden Lebens-phasen bis jetzt weitgehend das Privileg bürgerlichen, studentischen Lebens war (S. 73). Aber auch hier setzt sich das Leistungsprinzip ganz entschieden durch, mit Studiengebühren, Verschärfung der Zugangsberechtigungen des BaföG, Begrenzung der Semesterzahl, Freischuß, Bildungsgutscheinen und 1000 DM Strafe für Langzeitstudierende.

[248] vgl. Klehm / Ziebach 1997, S. 6 in: Diskussionsvorlage „Konzepte zugehender Bildungsarbeit..."

Ausbildungs- und Berufssituation macht. Krafeld liefert hier einen guten Ansatz, bezieht sich aber nur auf die Gruppe der Jugendlichen und jungen Erwachsenen. Die Initiatoren von ZWAR haben ihr Konzept auf die Gruppe derjenigen ausgerichtet, die frühzeitiger aus dem Arbeitsprozeß entlassen worden sind und deren Angehörige. Diese Konzepte sollten ausgeweitet werden, da Arbeitslosigkeit zu einem Massenproblem geworden ist und zunehmend nicht nur „Randgruppen" ausgegrenzt werden. Es wäre interessant zu erfahren, was aus den Jugendlichen, die an den von Krafeld initiierten Seminaren Ende der 80er Jahre teilgenommen haben, geworden ist und ob die Seminare „erfolgreich" waren. Eine weitergehende Forschung dazu gibt es nicht.

Im Diskurs wird immer wieder gefordert, überzeugende, sprich allgemeingültige Konzepte vorzuweisen, wie es denn am Ende der Arbeitsgesellschaft mit dieser weitergehen soll[249]. Eine solche Forderung torpediert mögliche Ansätze und diskreditiert individuelle Lebensbewältigungsstrategien, da diese eben nicht mehr einheitlich, sondern nur suchend und probierend sein können. Es gibt (noch) keine allgemeingültige Theorie, wird es vielleicht auch nicht geben, vielmehr wird der Umgang mit Unsicherheiten zur biographischen Schlüsselqualifikation werden müssen[250]. Nicht wie „anders" Leben aussehen soll, sollte die Frage heißen, sondern wie ein Lernen, anders zu leben, alltagspraktisch möglich sein und unterstützt werden kann. Und auch dies darf nicht pauschalisierend sein, da es ebenso von den lokalen und regionalen Gegebenheiten abhängt wie von den Möglichkeiten und Ansätzen des einzelnen Sozialarbeiters, der, genauso wie seine „Kunden", in seinen Berufsaussichten, Möglichkeiten und finanziellen Handlungsspielräumen in ein Subsystem eingebunden ist[251]. Aus der Theorie der Pluralisierung von Lebenswelten sollte sich eine Praxis der Pluralisierung der Projektansätze ableiten. Dabei geht es um eine konkrete Erweiterung von Handlungsspielräumen. Die Gruppen, die am meisten auf Erwerbsarbeit als Lebensprinzip angewiesen sind, haben zunehmend weniger Chancen, eine Erwerbsarbeit zu bekommen[252]. Es geht um eine Glaubwürdigkeit von Ansätzen, die in ihrer

---

[249] vgl. Krafeld 1989, S. 17

[250] vgl. Beck 1986, S. 102

[251] Beim ZWAR - Projekt mit seinen 21 Gruppenbegleitern gibt es die unterschiedlichsten Träger und Möglichkeiten der Anstellung, von der VHS bis zum Quäkernachbarschaftswerk, von ABM bis Festanstellung.

[252] vgl. Beck 1986, S. 25f; Krafeld verweist auf die Untersuchungen von Allerbeck/Hoag, nach der die Berufsfixiertheit bis auf eine kleine Schicht Bildungsprivilegierter - siehe die Zeitpioniere - zunimmt, und Beck weist darauf hin, daß gerade die Berufschancen der Hauptschulabgänger immer schlechter werden, diese schon in der Ausbildung einem wachsenden Druck bei sinkenden Berufschancen ausgesetzt sind: Du hast keine Chance, also nutze sie (vgl. Beck 1986, S. 238f). Wichtig für eine Lebensqualität ist nicht nur das Suchen nach den letzten Lücken im Arbeitsmarkt durch Qualifikation und Weiterbildung, sondern auch nach konkreten Alternativen, um den Druck abzumildern.

berufsfixierten „Erziehungs- und Bildungsarbeit, mit ihren Bemühungen um Verbesserung von Integrationschancen immer ohnmächtiger und wirkungsloser einer gesellschaftlichen Entwicklung hinterherläuft und immer häufiger bestenfalls Probleme verlagern hilft"[253].

Zu beachten ist auch, für wen welche Angebote gemacht werden. Krafeld unterscheidet zwischen zwei Gruppen: Diejenigen, die über ihre Sozialisation das berufsfixierte Lebensmodell vermittelt bekommen und dieses in Lebensphasen mit Lohnarbeit als tragfähig erlebt haben. Die andere Gruppe besteht aus vorwiegend jungen Menschen, die ein berufsfixiertes Lebenskonzept ansozialisiert bekommen, aber nicht erlebt haben, ob dieses tragfähig ist[254]. Junge Menschen müssen sich ernsthaft auf eine Erwerbsarbeitsexistenz vorbereiten und sich gleichzeitig andere, alternative Orientierungen offenhalten. Dabei sind diejenigen privilegiert, die von vornherein aufgrund sozialer Lage und Bildung am ehesten Zugang zum Arbeitsmarkt haben und die meistens genauso die Fähigkeit besitzen, sich auch mit Jobben oder Hilfe der Eltern über Wasser zu halten. Konzepte für weniger privilegierte Jugendliche müßten entwickelt und unterstützt werden, um nicht Jahr für Jahr eine „Lehrstellenkrise" und eine darauffolgende „Lehrstellenoffensive" miterleben zu müssen, die in allgemeinen Beschimpfungen der angeblich nicht motivierten Jugend gipfelt[255].

Krafeld meint, daß junge Menschen schon längst massenhaft aufgebrochen sind, um nach einem veränderten Stellenwert von Lohnarbeit in ihrem Lebensalltag und Lebensentwürfen zu suchen, wobei besonders Jugendliche im Kontext der Alternativbewegung auffallen würden[256]. Wieweit diese These zutrifft, ist schwer zu beurteilen[257]. Im Kontext der Alternativbewegung sind zahlreiche Arbeitsplätze geschaffen worden und diese Zahl nimmt noch zu. Es ist aber illusorisch anzunehmen, alle aus dem ersten Arbeitsmarkt ausgeschlossenen oder ausgestiegenen Menschen könnten in einem solchen dritten Arbeitsmarkt unterkommen. Krafelds Antwort auf die von ihm beschriebene Problematik sind „Jugendkulturelle Selbstentfaltungen als Gegenstand von Jugendbildungsseminaren"[258] und die „Entfal-

---

[253] Krafeld 1989, S. 27

[254] vgl. Krafeld 1989, S. 29

[255] vgl. Leserbrief von Susanne Sacher vom 11.11.1997 „Aus dem Herzen gesprochen" zu einem Beitrag von Beate Fleming in der BZ vom 25.10.1997

[256] vgl. Krafeld 1989, S. 55

[257] Krafeld ist in diesem Punkt widersprüchlich. Er meint auch, daß für große Teile der Jugendlichen die Berufsfixiertheit zunimmt (vgl. Krafeld 1989, S. 58f). Beide Aussagen werden nicht empirisch belegt. Vielleicht stimmen auch beide Aussagen: Durch die Lehrstellenmisere läßt sich ein Teil zu einer enormen Berufsfixiertheit drängen, während ein anderer Teil sich zunehmend nach außen orientiert.

[258] „In diesem Projekt geht es darum, Jugendliche zu unterstützen, jugendkulturellen Umgang mit dem Alltag zu reflektieren, um dadurch Fähigkeiten zu entfalten, Muster eigener Lebens-

tung sozial räumlicher Aneignungsprozesse"[259]. Zu diesem Punkt meint er, daß Jugendliche nur noch enteignete Räume vorfinden würden, die ausschließlich im Sinne kapitalistischer Verwertungslogik nutzbar sind: Kein Erlebnis und kein Genuß ohne Preis. Räume werden der jeweils nachwachsenden Generation gegenüber als Erwachsenenräume definiert, deren Anspruchsberechtigung erst erworben werden muß. Dies wird in der Öffentlichkeit aber nicht so gesehen. Finden ungewollte Aneignungsprozsse statt, werden diese primär als Bedrohung der öffentlichen Ordnung gesehen und nicht als Aneignungsprozesse. Erst in der massiven Bedrohung der öffentlichen Ordnung gewinnen solche Prozesse dann Interesse für Medien und Wissenschaft: Jugendliche Verhaltensweisen im Neubaugebiet, sozialräumlich bedingte subkulturelle Bewegungen[260], bei Fußballfans, an Treffpunkten von Drogenabhängigen, bei Hausbesetzungen oder der Errichtung von Hüttendörfern auf atomwirtschaftlich oder militärisch eingeplantem Gelände[261]. Krafeld meint, daß es nicht nur darum gehen kann, die Jugendlichen „von der Straße" zu holen und ihnen Jugendheime als besseren, da institutionalisierten Ersatz anzubieten, sondern sie in solchen Prozessen und Aneignungen ernstzunehmen und zu unterstützen. Er entwickelt aber anhand seiner Erkenntnisse weder Theorie noch Praxis, wie solche Raumaneignungsprozesse unterstützt werden könnten.

---

bewältigung zu hinterfragen und zu verändern" (Krafeld 1989, S. 122). Krafeld liefert eine vage Konzeption des damals noch laufenden Projekts. Insgesamt fehlen bis auf die angesprochenen Bildungsseminare konkrete Konzepte und Projektvorschläge.

[259] vgl. Krafeld 1989, S. 129ff

[260] Dies läßt sich anhand der Geschichte der KTS - Initiative Freiburg aufzeigen: Der ersten Hausbesetzung auf dem Vauban-Gelände waren fünfjährige erfolglose Verhandlungen des „Fördervereins Subkultur" mit der Stadt vorausgegangen. Nach der ersten Räumung kam es zu massiven Protesten, die teilweise gewalttätig, aber auch witzig und provozierend verliefen. Beim Seenachtsfestrennen ging ein aus den Holztrümmern des abgerissenen Hauses erbautes Floß ebenso unangemeldet wie medienwirksam mit ins Rennen. Der Oberbürgermeister Freiburgs bekam Besuch in seiner Ferienwohnung im Schwarzwald von einer Gruppe „Wanderer". Dies rief einen Aufschrei in der Presse und Öffentlichkeit hervor, mit dem Tenor, das Privatleben von Politikern dürfe nicht gestört werden, ohne auch nur im geringsten zu sehen, was die Räumung des Kulturzentrums für das Privatleben der Besucher bedeutete. Der Oberbürgermeister Herr Dr. Böhme äußerte auf einer Tagung zu Bürgerschaftlichem Engagement 1997 in der Evangelischen Fachhochschule Freiburg, daß bisherige Möglichkeiten der Kommunikation zwischen Administration und Bevölkerung für Teile der Bürgerschaft nicht mehr angemessen sind und daher auch nicht greifen würden. Allerdings hat er keine Vorschläge für angemessenere Kommunikationsweisen gemacht und sich in seiner Politik nicht unbedingt durch eine Nähe zur „Jugend" ausgezeichnet.

[261] Welche große Bedeutung als Kristallisationspunkt von Lebenswelten dies hat, zeigt sich an einer Aussage eines Mitstudenten bei der Besetzung des Konrad-Guenther-Parks 1996 in Freiburg. Er verbrachte wochenlang Tage und Nächte auf dem Gelände und meinte dem Verfasser gegenüber: „Dies ist mein zweites Zuhause."

Krafelds Einteilung in nur zwei Gruppen müßte erweitert werden, da das Erleben, daß Erwerbsarbeit als Lebenskonzept nicht oder nicht mehr tragfähig ist, nicht mehr nur für Jugendliche gilt, sondern auch für Vorruheständler, Langzeitarbeitslose, Migranten und andere Gruppen. Arbeitslosigkeit trifft zwar nach wie vor bestimmte Gruppen mehr als andere, aber auch eine gute Ausbildung bietet keine Arbeitsplatzgarantie mehr. Erwerbsarbeit „franst" durch Frühverrentung, Altersteilzeit, fehlende Ausbildungs- und Referendariatsplätze, kohorten- und generationenweise Ausgrenzung aus. Dazu kommt die im ersten Teil dargestellte Regionalisierung und Segregation von Arbeit und Zugangschancen zum Arbeits- und Ausbildungsmarkt.

Diese Veränderungen werden aber im „sozialen" Diskurs zu wenig berücksichtigt. Ein Europa der Regionen ist ein Gedanke, der von ökonomischer Seite her erst Mitte der siebziger Jahre aufkam[262]. Es gibt Sozialarbeitstheoretiker, die sich mit regionalen Optionen beschäftigen. Allerdings definieren sie diese Region „als sozialräumlichen Zusammenhang". Barbara Stauber und Andreas Walther, die als Sozialarbeiter über die Berufs- und Lebensentscheidungen von Jugendlichen im Übergang zum Berufsleben schreiben, betonen, daß Region „der Zugang zur qualitativen Beschreibung der Lebenslagen"[263] von Jugendlichen ist. Für sie ist Region eine prozeßhafte qualitative Größe als gemeinsamer Bezugspunkt der dort Lebenden und individueller lebensweltlicher Horizont. Sie meinen, daß Region als Forschungsperspektive in den Sozialwissenschaften durch die zunehmende Bedeutung sozialökologischer Ansätze einen immer größeren Stellenwert bekommt. Sie weisen der Region als ökonomische und/oder strukturpolitische Planungseinheit in ihrer Definition aber nur eine untergeordnete Rolle zu. Region hauptsächlich als „sozialräumlichen Zusammenhang" zu sehen, berücksichtigt die ökonomischen Gegebenheiten zu wenig bis gar nicht, auch wenn deren Zwänge oder Möglichkeiten gerade für Jugendliche und junge Erwachsene beim Übergang in ein Berufsleben entscheidende Faktoren sind. Einem Jugendlichen nur eine Lehrstelle in 50 km Entfernung von seinem bisherigen Wohnort anbieten zu können, bedeutet für diesen entweder zeitaufwendiges Pendeln oder einen Umzug. Beides ist mit massiven Eingriffen in die Lebenswelt eines Jugendlichen verbunden. Damit ist die Gefahr einer Ablehnung der Lehrstelle relativ groß.

---

[262] „ A formal European Community regional policy was not introduced until the mid 70's, when the European Regional Development Fund, the ERDF, was created in 1975. This was, however, a small fund. In the first years its share of the Community budget was well under 5%. It's regulations, [...], prevented it from being a very effective instrument. [...], the EU regional policy took almost 15 years to come of age. Until the set of massive reforms in 1988, regional policy struggled to establish itself" (Peschel 1997, S. 94).

[263] Stauber/Walther 1995, S. 42f

„Alltagsorientierte Erfahrungsproduktion mit dem Ziel der eigenen Lebensbewältigung wird zu dem zentralen Faktor von Lebensrealisierung, den sozialintegrative Sozialisation bislang darzustellen beanspruchte"[264]. Menschen müssen lernen, sich ein Spektrum unterschiedlichster Auffangnetze wie soziale Netze, Mehrfachqualifikationen und -ausbildungen und Quellen für (legale und illegale[265]) Nebeneinkünfte zu bauen. Beratung von Arbeitslosen muß daher auf eine Akzeptanz solcher Lebensentwürfe abzielen. Dabei dürfen nicht die Ansprüche der professionellen Berater in Arbeitsloseninitiativen als Maßstab der Lebensbewältigung genommen werden, die spezifisch ihren eigenen, relativ privilegierten bildungsbürgerlichen Lebenslagen entsprechen. Denn zu diesen verpönten Strategien gehören auch die des „Durchwurschtelns" und „n' bißchen rumjobben" sowie eine starke Alltagsorientierung und Verweilen im Hier und Jetzt[266]. Die vielbeklagte geringe Leistungsbereitschaft und mangelnde Flexibilität von Arbeitslosen könnte auch als Ausdruck der individuellen Verarbeitung der mit Suchprozessen verbundenen Ängste, Selbstzweifel und Unsicherheiten gesehen werden. Und solche Suchprozesse sind längst nicht mehr auf die Gruppe der Jugendlichen begrenzt.

---

[264] Krafeld 1989, S. 65

[265] Krafeld stellt 35 Thesen auf, was „anders Leben lernen" bedeutet. Als letzte These und als einen eminent wichtigen Punkt schreibt er: „[...] zu lernen, sich risikoarme Wege und Möglichkeiten des Umgehens oder Unterlaufens von Ordnungssystemen und Vorschriften zu entfalten, die einen selbst bei der Realisierung eigener lebenswürdiger Existenz hindern [...]. So kann es sinnvoll und für die eigene Existenzsicherung wichtig sein, sich risikoarm >Schwarz< -Arbeit zu verschaffen, wenn einem die Gesellschaft schon die Möglichkeit zu offizieller >Weiß< - Arbeit vorenthält. Sozialhilfeempfänger haben oft nur jenseits (!) der Vorschriften Möglichkeiten, ihre materielle Situation aufzubessern, Arbeitslose haben kaum die Chance zur besonders riskanten Gründung von selbständigen Kleinst-Existenzen - es sei denn, sie beziehen z. B. illegal Arbeitslosenunterstützung, solange ihr neues >Unternehmen< noch nicht genug zur Existenzsicherung einbringt" (Krafeld 1989, S. 80) Im § 18 Absatz 2 Satz 1 BSHG heißt es: „Es ist darauf hinzuwirken, daß der Hilfesuchende sich um Arbeit bemüht und Arbeit findet." Wie soll das passieren, wenn der Arbeitsmarkt immer abgeschotteter wird? Ist Schwarzarbeit nicht eine der vom BSHG geforderten eigenständigen Lebensbewältigungsstrategien? In der aktuellen Diskussion um die 610 - Mark - Jobs wird immer wieder darauf hingewiesen, daß eine Versicherungspflicht nur zu mehr Schwarzarbeit führen würde. Wenn auf dem regulären Arbeitsmarkt nichts mehr zu holen ist, wird illegal gearbeitet, dies führt zu Steuereinbußen, Absenkung des Mindestlohns und letztlich wieder zu mehr Druck, sich illegal um einen Lebensunterhalt zu kümmern. Wie soll sich Sozialarbeit zu solch „illegalen" Lebensbewältigungsstrategien stellen?

[266] Krafeld zitiert Liebel, der in einer „sozialkritischen Beratungskonzeption" formuliert: „Sie anerkennt Lebensbewältigungsversuche der Jugendlichen auch dann als legitim, wenn sie mit Gesetzen und allgemein geltenden Verhaltensnormen in Widerspruch geraten. Sie weiß, daß Identität unter gegebenen Umständen nur gegen Widerstände erkämpft werden kann, nicht selten Aggressivität erfordert und nicht widerspruchsfrei zu haben ist" (Krafeld 1989, S. 105).

8.2 „Haus der Eigenarbeit" HEI in München

Dieses Projekt ist von den vorgestellten wohl als dasjenige anzusehen, bei dem eine Idee, wie Leben und Arbeiten ohne Erwerbsarbeit für eine breite Gruppe von Menschen praktisch funktionieren könnte, am konsequentesten umgesetzt worden ist. Eigenarbeit ist „die Vision von selbstbestimmter und sinnerfüllter Tätigkeit"[267]. Eigenarbeit bedeutet Selbermachen, einzeln oder gemeinschaftlich, mit oder ohne Fachberater und zwar als „handwerkliche, kulturelle und soziale Eigenarbeit"[268]. Kurt Horz definiert in einem Konzeptpapier: „Unter Eigenarbeit verstehen wir das Selbermachen auf sozialem, praktisch-handwerklichem und kreativ-künstlerischem Gebiet"[269].

Die Aufhebung der Trennung von Arbeit und Freizeit läßt sich leichter formulieren als umsetzen. Wie schon aufgezeigt, hängt beides eng zusammen. Mehr Freizeit bedeutet oft nur ein Mehr an Konsum und nicht Selbstverwirklichung. Mit Eigenarbeit läßt sich dies umgehen und freie Zeit ohne eine kommerzielle „Freizeitindustrie"gestalten.

Das HEI liegt im Münchener Stadtteil Haidhausen und war ein Projekt der „anstiftung". Nach der Phase der Konzeptionierung, die von 1983 bis 1986 dauerte, wurden Anfang 1987 Räume angemietet, eingerichtet und das HEI eröffnet. Heute finanziert es sich zu einem großen Teil selbst, nachdem die Anschubfinanzierung durch die „anstiftung" nach sieben Jahren beendet worden ist.

Für die Umsetzung der Eigenarbeitsidee mußten Räume bereitgestellt und diese entsprechend ausgestattet werden. Es wurde eine Entscheidung für eine komplette Bereitstellung der Einrichtung getroffen, da eine Mitarbeit beim Auf- und Ausbau eine Überforderung für viele gewesen wäre. In den öffentlich zugänglichen Räumen können Laien unter professionellen Bedingungen arbeiten, Gebrauchs- und Kunstgegenstände herstellen, Gruppentreffs und Vorträge organisieren, Theaterstücke einüben oder Feste feiern. Neben den Werkstätten gibt es Gruppenräume und einen Eingangsbereich mit Café. Die Werkstätten gliedern sich in die Bereiche Holz, Metall, Textil, Schmuck, Papier und Glas, wobei diese mit allen nötigen Geräten ausgestattet sind, dazu kommt eine entsprechende Fachberatung. Die Professionalisierung der Werkstätten war ein dynamischer

---

[267] Redler/Horz 1994, S. 9; erstmals verwendet Christine von Weizsäcker den Begriff Eigenarbeit. „Eigenarbeit soll der Ersatz von Ware durch eigene Tätigkeiten heißen." „Eigenarbeit ist aktiver Konsum- und Produktionsverzicht, motiviert aus aufgeklärtem Hedonismus" (beides zit. nach Illich 1982, S. 51f). Scheid meint: „Das Thema Eigenarbeit wurde bereits in den 60er und 70er Jahren diskutiert (Ivan Illich, Ch. und E. von Weizäcker, J. Huber u. a.), dann jedoch weitgehend vergessen" (Scheid 1995, S. 59).

[268] Redler/Horz 1994, S. 9

[269] Horz 1986, zit. nach Offe/Heinze 1990, S. 257

Prozeß über 6 Jahre hin, bis diese optimal an die Bedürfnisse der Nutzerinnen und Nutzer angepaßt war. Manches wurde nicht angenommen, wie z. B. die Färbewerkstatt, die in eine Keramikwerkstatt umgewandelt wurde. In diese ist noch die Schleifergruppe der Münchener Mineraliengruppe mit Maschinen zum Steineschleifen und -schneiden eingezogen.

Entscheidend wichtig ist die Betreuung durch das HEI - Personal, welches ohne Verkaufsabsicht, ohne Bedürftigkeit oder Anspruchsberechtigung zu prüfen, für Fragen offen und bei der Lösung von Alltagsproblemen behilflich ist. Durch die Ansprechbarkeit fachkompetenter und berufserfahrener Berater können Nutzerinnen und Nutzer Arbeiten ausführen, die bisher außerhalb ihrer Möglichkeiten lagen und so die Chance zu einer Erweiterung der eigenen Kompetenzen und des Selbstbewußtseins nutzen.

Damit kann die Alternative Kaufen oder Selbermachen individuell entwickelt werden. Bei einem Kauf von Dingen kann das Preis-Leistungs-Verhältnis besser abgeschätzt werden, was Unabhängigkeit eröffnet. Ein Qualitätsbewußtsein hin zum Konsum von langlebigen, reparaturfreundlichen oder eigenproduzierbaren Gütern kann sich entwickeln.

Dies wird ermöglicht durch ein Team von Menschen, die sich generationen- und kompetenzübergreifend für die Umsetzung der Idee Eigenarbeit einsetzen. In der Auseinandersetzung mit ausgefallenen Wünschen der Nutzerinnen und Nutzer, deren Eigenheiten und Fähigkeiten, ebenso wie den oft knappen finanziellen Mitteln, spielt nicht nur die fachliche, sondern auch die kommunikative und pädagogische Kompetenz eine entscheidende Rolle. Dazu gehört es, eigene Vorstellungen zurückzustellen, offen zu sein für Improvisation und bereichsübergreifendes Denken und Handeln zu entwickeln. Es muß im Sinne einer emanzipativen Beratung darauf geachtet werden, Menschen nach getaner Eigenarbeit wieder gehen zu lassen, was das genaue Gegenteil einer betriebswirtschaftlich guten Strategie ist, aber die Nutzerinnen unabhängig läßt, was dem Sinn der Eigenarbeit entspricht[270]. Zu dem Team gehören vier Hauptamtliche, verteilt auf zweieinhalb Stellen, zwei Zivildienstleistende, ein Fachhochschulpraktikant und 15 Fachberater und Kursleiter, die auf Honorarbasis oder ehrenamtlich tätig sind. An Berufsgruppen sind Künstler und Sozialarbeiter, Handwerker, Meister, Lehrer, Techniker, Ingenieure sowie Volks- und Betriebswirte vorhanden. Diese Mischung ermöglicht lange Öffnungszeiten mit dem Angebot von sozialer Beratung, Infobörse, Auskunftsbüro, Vernetzung im Stadtteil, Entscheidungs- und Lebenshilfe. Entscheidungen über Angebot, Haushalt und Ausbau der Werkstätten werden im Gesamtteam getroffen. Das HEI funktioniert ohne Hierarchie und größtenteils ohne Arbeitsteilung, da eine Konsensfindung für eine gemeinsame Auseinandersetzung mit der Idee Eigenarbeit und deren Unterstützung

---

[270] vgl. Mutz / Kühnlein / Burda-Viering / Holzer 1997, S. 9

wichtig erscheint. Eine Transparenz der Entscheidungen soll gewährleistet sein. Allerdings gibt es auch hier einen Innen-Außen-Kreis an Mitarbeiterinnen, was funktional ist, um die Kontinuität des Projekts zu gewährleisten, gleichzeitig aber auch neuen Ideen den Eingang ins Projekt erschwert[271].

Das HEI bietet Platz für zahlreiche Gruppen und Initiativen, vom Bauchtanz bis zur Krabbelgruppe. Räume für Feiern werden immer wieder angefragt, was sich aber oft nicht mit den Öffnungszeiten koordinieren läßt (dafür hat z. B. die Eröffnungsfeier der Bosnienredaktion des Lokalsenders hier stattgefunden). Im Sinne einer „Lebensarbeit"ist das HEI ein sozialer Treffpunkt. Im HEI gibt es eine Theatergruppe, einen Musiktreff und zeitweilig auch einen Literaturtreff. Die Holz- und Metallwerkstatt lassen sich innerhalb einer Stunde in einen nutzbaren Veranstaltungsort umwandeln. Damit wird das HEI zu einer Kultureinrichtung. Mit den Initiativen und Vereinen, die generationenübergreifend das HEI nutzen, von Kleinkindern bis hin zu Rentnern, vom ADFC bis zur Initiative „Mehr Demokratie in Bayern", bietet das HEI die Möglichkeit der sozialen Eigenarbeit.

Das HEI ist als Bürgerhaus zu bezeichnen, welches den Grundsätzen der Bundesvereinigung soziokultureller Zentren[272] entspricht:

- Betonung eines erweiterten Kulturbegriffs

- Förderung der künstlerisch/kreativen Eigenbetätigung

- Integration verschiedener Altersgruppen

- Einbeziehung von sozialen und ethnischen Minderheiten

- nichtkommerzielle Ausrichtung

- Basis- und Nutzerorientierung

- Gewährleistung demokratischer Organisations- und Entscheidungsstruktur

Hier kann eine körperlich-sinnliche Erfahrungsproduktion stattfinden, wie sie sonst in der städtischen Dienstleistungsgesellschaft nicht möglich ist, da der Umgang mit Rohmaterialien außerhalb von institutionalisierten Ausbildungs- und Arbeitskontexten nicht mehr gegeben ist. Durch die arbeitsteiligen Fertigungsabläufe kommt das Herstellen eines Produkts in der Ganzheit selbst in diesen Kontexten kaum noch vor[273]. Da der Nutzer seinen Mitnutzern bei Problemlösungen zuschauen und von den Erfahrungen der Anleiter lernen kann, was wiederum nur über eine Kommunikation möglich ist, kann zudem eine soziale Erfahrungsproduktion stattfinden. Weil der Ansatz des HEI nicht defizitorientiert

---

[271] vgl. Mutz / Kühnlein / Burda-Viering / Holzer 1997, S. 99f

[272] vgl. Spiekermann 1994, S. 12f

[273] vgl. Mutz / Kühnlein / Burda-Viering / Holzer 1997, S. 96

ist, kommen nicht nur soziale Randgruppen, aber diese werden auch nicht ausgeschlossen. Bei den Nutzern macht der Anteil der Jugendlichen unter 18 Jahre 10% aus. Bei Kursen, Gruppen und Veranstaltungen liegt der Kinderanteil bei 40%. Von den Nutzerinnen und Nutzern kommen aus dem Stadtteil 17%, aus dem Stadtgebiet 71% und von außerhalb 12%. Der Frauenanteil liegt bei 39%[274]. Elisabeth Redler meint, daß hier Frauen „in bemerkenswertem Umfang in männliche Domäne eingebrochen sind...‟[275]. Um eine notwendige hohe Auslastung des Projekts zu gewährleisten und die Idee der Eigenarbeit bekannter zu machen, müßte eine durchgängige Öffentlichkeitsarbeit stattfinden, was einer der Schwachpunkte bisheriger Arbeit zu sein scheint[276].

Im HEI können sich Menschen im Tätigsein treffen, die im städtischen Kontext sonst keinen gemeinsamen Raum und somit keine Auseinandersetzungsmöglichkeit haben. Dabei muß das HEI einen Mittelweg finden, um seine Offenheit für alle zu bewahren und gleichzeitig eine gewisse Abgeschlossenheit zu ermöglichen, die eine Identifikation mit dem Haus und der Idee möglich macht, da sonst keine Lernatmosphäre und kein Verantwortungsgefühl entstehen können. Fehlen diese, wird Material und Werkzeug zerstört oder es kommt zu einer Überfüllung der Werkstätten, was eine gelingende Eigenarbeit verunmöglicht[277]. Das HEI erfordert von den Nutzerinnen und Nutzern ein hohes Maß an innerer Autonomie und kollektives Verantwortungsbewußtsein, ermöglicht also Lernerfahrungen, wie sie in anderen Ausbildungskontexten kaum erforderlich sind.

In den letzten Jahren ist der Anteil der Mehrfachnutzer kontinuierlich angestiegen, was auf einen Bedarf an Eigenarbeit und auf reelle Vorteile für die Nutzer hinweist. Besonders Menschen zwischen 20 und 40 Jahren, junge Familien, Alleinstehende und Alleinerziehende, Menschen in ökonomischen und persönlichen Krisensituationen, in Zeiten des Umbruchs und des Neuanfangs nutzen die Werkstätten des HEI. Hingewiesen sei auch auf die guten Integrationsmöglichkeiten für Hinzugezogene und Migranten durch die gebotene Struktur. Das Projekt ermöglicht die im Kapitel 8.1 angesprochenen „Suchbewegungen‟.

Oft wird die Arbeit in den Werkstätten nur als Anlaß zu einem intensiven Gespräch genutzt[278]. Dazu steht neben den Fachberatern eine Sozialpädagogin

---

[274] Inzwischen gibt es eine qualitativ und quantitativ genaue Untersuchung des Nutzerprofils: „Eigenarbeit hat einen Ort‟, Mutz / Kühnlein / Burda-Viering / Holzer, München 1997.

[275] vgl. Mutz / Kühnlein / Burda-Viering / Holzer 1997, S. 9

[276] vgl. Mutz / Kühnlein / Burda-Viering / Holzer 1997, S. 40f

[277] vgl. Mutz / Kühnlein / Burda-Viering / Holzer 1997, S. 98

[278] Hier trifft sich das HEI mit dem ZWAR - Projekt wo - vereinfachend gesagt - aus dem intensiven Gespräch die Eigenarbeit entsteht. Aus dem in einer ZWAR - Gruppe geäußerten Wunsch zu segeln, entstand die Segelgruppe, die ein altes Segelboot gekauft und renoviert hat und heute lange Segeltouren für ZWARler anbietet.

zur Verfügung, die auch das Werkstattfrühstück organisiert, Beratungs- und Informationsarbeit durchführt. Es gibt eine offene Kinder- und Jugendarbeit und die Möglichkeit, Arbeitsstunden (gemäß § 15 Satz 1 Absatz 3 JGG) abzuleisten. Es findet eine Zusammenarbeit mit anderen Beratungs- und Betreuungseinrichtungen statt, so daß das HEI auch eine Anlaufstelle für psychisch labile oder obdachlose Menschen ist.

Das Projekt HEI ist von der „anstiftung" gefördert worden, einer laut Eigendefinition gemeinnützigen Forschungsgesellschaft zur Förderung zukunftsichernder sozialer, kultureller und ökonomisch-ökologischer Maßnahmen mbH. Sie wurde 1982 mit dem Forschungsgebiet Eigenarbeit gegründet. Die Konzeptionierung und Finanzierung sowie die Begleitforschung war am Anfang durch die „anstiftung" gewährleistet, ab 1990 wurde die Begleitforschung hausintern mit regelmäßigen Reflexionsgesprächen zwischen HEI und „anstiftung" geleistet. Nach der Konzeptionierung und Abklärung der Forschungsfragen wurde das Projekt HEI 1987 eröffnet und in eine gewisse Selbständigkeit entlassen mit dem Ziel, eine Selbstfinanzierung zu erreichen. Die „anstiftung" hat als Ziel, Risikokapital für Projekte als soziale Experimente, die gesellschaftspolitische Visionen und Ideen praktisch umsetzen, zu liefern. Risikoförderung, wie sie von der „anstiftung" geleistet wird, beinhaltet immer auch die Gefahr des Fehlschlages: Der „anstiftung" waren drei kleinere Vorgängerprojekte vorausgegangen, die nicht die gewünschte Wirkung und Resonanz, aber dafür einen erheblichen Lerneffekt hatten. Die „anstiftung" will ihrer Zielsetzung nach Forschung initiieren, aber nicht eine Einrichtung dauerhaft unterstützen. Forschung heißt gleichzeitig fördern im Sinne von zeigen, daß gesellschaftliche Innovation möglich ist.

Stiftungen sind private Initiativen, die freier als öffentliche Einrichtungen agieren, Lücken füllen und neue Akzente setzen können, indem neue Ideen gesucht und untersucht werden, ohne das Muß der Rentabilität und Machbarkeit, welches vieles von vornherein verhindert[279].

Ziel war von Anfang an eine Eigenfinanzierung des Projektes HEI. Die „anstiftung" hat das Projekt HEI zwischen 1987 und 1994 mit über 2,5 Millionen DM

---

[279] In diesem Zusammenhang sei auf die Stiftung „Mitarbeit" verwiesen, die 1962 in Berlin gegründet worden ist. Ziel der Stiftung ist die Förderung der Demokratie-Bewegung von unten und Ermutigung zur Lösung von Gemeinschaftsaufgaben durch Entwicklung von Eigeninitiative. Dies geschieht durch Publikationen und Öffentlichkeitsarbeit, Weiterbildungsveranstaltungen, Fachtagungen, Diskussionsforen, Projekt- und Modellentwicklungen, bundesweite Förderung von Vernetzungs- und Kooperationsforen und Starthilfeförderung für neue Initiativen (vgl. Jahresprogramm und Tätigkeitsbericht der Stiftung, Bonn 1997). Stiftungen dieser Art spielen sowohl bei der Förderung von konkreten Projekten als auch als interdisziplinäres Diskussionsforum eine wichtige Rolle bei sozialer Projektarbeit. Dies könnte ausgebaut und als Chance zu mehr Eigenständigkeit begriffen werden, wenn öffentliche Gelder weiter gekürzt werden. Die Stiftung Mitarbeit förderte 1996 nahezu 100 Projekte.

gefördert, wobei der größte Teil (57%) Personalkosten waren. Die Einrichtung der Werkstätten und Ausstattung der Räume, die von Besuchern als besonders eindrucksvoll bezeichnet werden, machen nur 5% der Ausgaben aus. Die Eigenfinanzierungsquote von 35% für die ersten 6 Projektjahre ist gut, wobei diese 1993 bei 51% lag. Dies wird unter anderem über Nutzungsgebühren[280], Sponsoring und Spenden erreicht, ein Gedanke, der in den 80er Jahren nicht üblich war, aber sich im Zuge der Sparmaßnahmen im sozialen Bereich durchsetzen muß und wird[281]. Das Konzept impliziert eine Ausrichtung am „Kunden" und an Qualitätserwartungen derselben, die neben der Erfahrung auch einen materiellen Nutzen aus der Einrichtung ziehen können, so daß es sich für sie auf jeden Fall „rechnet".

Mit dem Auftrag der Eigenfinanzierung war der Forschungsauftrag verbunden, die Unabhängigkeit eines solchen Projektes zu testen. Außerdem sollte Abstand genommen werden von dem Klischee, daß Soziales nichts kosten darf. Dies führt allzuoft zu einer geringen Wertschätzung in der Öffentlichkeit, Möglichkeiten der Kürzungen nach Bedarf und, sowohl bei Beschäftigten als auch „Kunden", zu Unverbindlichkeit und mangelnder Leistungsbereitschaft im Sinne der Eigenleistung.

Die Eigenfinanzierung sollte ursprünglich bereits drei Jahre nach der Projekteröffnung erreicht werden. Dann sollte ein Projektforschungsbericht vorliegen und das Haus einem anderen Träger angeboten werden. Dies konnte nicht verwirklicht werden, da in der Aufbauphase für eine Vermittlung an einen Träger und die nötige politische Überzeugungsarbeit die Energie und Arbeitskraft nicht ausreichte. Die „anstiftung" hatte zwar genügend finanziellen Spielraum, um die Weiterfinanzierung zu ermöglichen, wollte aber ihre Förderpraxis möglichst unbequem

---

[280] Die Nutzungsgebühren betrugen 1997 je nach Werkstatt und Inanspruchnahme von Fachberatung zwischen 5,50 DM und 12 DM proStunde. Die Nutzung der großen Schreinereimaschinen kostete 30 DM. Für Personen mit niedrigen Einkommen gibt es bis maximal 40%, für Sozialhilfeempfängerinnen, Kinder und Jugendliche bis zu 55% Ermäßigungen (vgl. Mutz / Kühnlein / Burda-Viering / Holzer 1997, S. 90).

[281] Der Verfasser verbrachte ein Praxissemester in einer Einrichtung für Sterbebegleitung in San Francisco und machte dort Erfahrungen mit selbstfinanzierter Sozialer Arbeit. Mittels „fundraising" und „projectmanagement" wie in den USA üblich, konnte er sich überzeugen, daß es möglich ist, effektive, selbstfinanzierte Soziale Arbeit zu machen. Und zwar ohne - und darauf hat der Gründer des Projekts immer bestanden - für die Grundleistung, nämlich die Sterbebegleitung, Geld zu nehmen. Dies ist in den Staaten nicht gerade üblich. Freiwillige Spenden und Mitgliedsbeiträge wurden gerne genommen, ein Bücherverkauf, Konzerte, Lesungen etc. organisiert, um Geld zu sammeln. Ein großer Teil der Arbeit wurde von Volunteers erledigt. Diese Art der Finanzierung und Arbeit ist sicherlich durch die größere Bereitwilligkeit zu Spenden und Volunteering der Menschen dort möglich. Es ist aber die Frage zu stellen, ob nicht die hohe Spendenbereitschaft der Menschen hier, z. B. für die Kirchen und Einzelereignisse wie dem Oderhochwasser 1997, nicht auch für die Förderung kleinerer, lebensraumnaher sozialer Projekte genutzt werden kann.

gestalten, um das Ziel der Selbstfinanzierung nicht zu gefährden, was zu harten Diskussionen bei den jährlichen Stiftungsversammlungen führte, da dort auch die geleistete Arbeit anerkannt werden sollte. Die „anstiftung" mußte lernen, daß sich ein Forschungsprojekt in seiner Arbeit nicht nur auf die Konzeptentwicklung und Akzeptanz bei der Bevölkerung beschränken darf, sondern ebenso bei der politischen und Fachöffentlichkeit angenommen werden muß. Nur so ist ein soziales Experiment dauerhaft überlebensfähig und als soziale Erfindung wirksam. Dies zu sichern ist erklärtes Ziel der „anstiftung"[282].

Als ausschlaggebend für den Erfolg des Projektes wird die Zukunftsorientierung und das Visionäre in Verbindung mit der konkreten Nähe zur Lebenswelt genannt. Die Nutzerinnen verstehen ihre Tätigkeit im HEI größtenteils nicht als Freizeitbeschäftigung. Das HEI ist auch kein bloßer Treffpunkt, vielmehr wird es zielgerichtet aufgesucht. Eigenarbeit nimmt eine Stellung zwischen Erwerbsarbeit und Freizeit und Hobby ein[283]. Mit dem Konzept der Eigenarbeit kann unmittelbar auf strukturelle Schwachpunkte des Gesellschafts- und Wirtschaftssystems reagiert werden. Arbeitszeitverkürzungen oder Arbeitslosigkeit sorgen für ein Absinken des Realeinkommens. Eigenarbeit kann Eigenversorgungsmöglichkeiten vergrößern[284]. Im Gegensatz zu dem Forschungsbericht von 1994, in dem die Autoren meinten, durch produktives Tätigsein für den Eigenverbrauch könnten Einkommenseinbußen durch Arbeitslosigkeit ganz oder teilweise kompensiert werden[285], kommt der unabhängige Forschungsbericht der „anstiftung" von 1997 zu der Ansicht, daß Arbeitslose durch Eigenarbeit im HEI nichts sparen können, vielmehr der Geldmangel durch Arbeitslosigkeit eher einen Hinderungsgrund für die Nutzung darstellt[286]. Arbeitslose beschreiben ihre Erfahrungen im HEI aber als sehr wichtig, um mit Sinnkrisen und Selbstabwertungen umgehen zu können. Erwerbstätige häufen zusätzlich unterschiedliche Nebentätigkeiten an, so daß Arbeitslose nicht nur aus dem Erwerbsarbeitssystem ausgeschlossen sind, sondern auch bei eventuell sinnstiftenden Tätigkeiten außerhalb der Erwerbsarbeit nicht zum Zuge kommen[287]. Arbeitslosigkeit schafft in der Tendenz noch mehr Arbeitslosigkeit, da Eigenarbeit materielle, räumliche und soziale Kapitalien braucht[288]. Arbeitslosigkeit muß angemessen abgesichert sein, um nicht strukturelle Probleme zu individualisieren[289].

---

[282] vgl. Redler/Horz 1994, S. 48

[283] vgl. Mutz / Kühnlein / Burda-Viering / Holzer 1997, S. 47

[284] vgl. Redler/Horz 1994, S. 37f

[285] vgl. Redler/Horz 1994, S. 37

[286] vgl. Mutz / Kühnlein / Burda-Viering / Holzer 1997, S. 89 und S. 91

[287] vgl. Mutz / Kühnlein / Burda-Viering / Holzer 1997, S. 101

[288] vgl. Mutz / Kühnlein / Burda-Viering / Holzer 1997, S. 90

[289] „Auch in der Schattenwirtschaft braucht man ein Pfund, um damit zu wuchern: Qualifikation, Zeit, Kapital und Raum. Die Politik muß darauf ausgerichtet sein, die Verfügung der

Der Anteil der Arbeitslosen in den Werkstätten des HEI machte 1996 8% von insgesamt 1200 Nutzern aus. Damit liegt der Arbeitslosenanteil der Nutzer etwas über dem Durchschnitt des Arbeitsamtsbezirkes München-Stadt (7,2%) und des Landkreises (6,5%)[290]. Nach Aussage der Studie von 1997 über das HEI – Nutzerprofil liegt der Anteil der Arbeitslosen etwas unter dem Münchener Durchschnitt. Dies ist nach Meinung der Autoren aber kein herausragender Befund, da Arbeitslose - wie oben schon angesprochen - in allen Tätigkeitsfeldern jenseits der Erwerbsarbeit unterrepräsentiert sind[291]. Im HEI finden wöchentliche Gesprächskreise für Arbeitslose statt. Beim HEI gibt es zwei Stellen für die Integration von Langzeitarbeitslosen, die über ABM und LKZ finanziert werden. Das HEI übernimmt damit auch die Aufgaben eines Arbeitslosenzentrums. Eigenarbeit bietet die Möglichkeit, nicht an den Defiziten von Arbeitslosen (keine Arbeit mehr), sondern an Stärken (mehr Zeit und Raum für Gestaltung von sinnvollen Dingen für sich selbst) anzusetzen. Der Gedanke von ganzheitlichem Leben und Arbeiten ist immer wieder propagiert und teilweise auch gelebt worden, meistens auf dem Hintergrund eines bestimmten Weltbildes, z. B. dem anarchosyndikalistischen[292], aber nicht als ein soziales Arbeitslosenprojekt. Das HEI ist aber kein Projekt für Arbeitslose, sondern für alle gesellschaftlichen Gruppen. Integrative Projekte, die nicht nur auf eine Zielgruppe ausgerichtet sind, sind ohnehin die sozialpolitisch interessanteren, da sie keine ausgrenzende oder zuschreibende Wirkung haben. Bei einem so komplexen Thema wie Arbeitslosigkeit müssen ohnehin andere Ansätze gefunden werden als eine reine Versorgung einer scheinbaren Minderheit. 43 Milliarden Stunden jährlich geleisteter Erwerbsarbeit stehen 77 Milliarden Stunden Eigenarbeit gegenüber[293], aber Eigenarbeit und ihre wirtschaftliche und gesellschaftliche Bedeutung kommt im öffentlichen Bewußtsein kaum vor.

Mit einer Einrichtung wie dem HEI kann auf die Flexibilisierung der Arbeitswelt reagiert werden. Wenn Teilzeit und Arbeitszeitverkürzung zur Realität werden, muß dies nicht nur passiv hingenommen, sondern kann als Chance für mehr freie, umsetzbare Zeit angenommen werden. Eigenarbeit bietet Entfaltungs- und Gestaltungsmöglichkeiten, die Möglichkeit der Aufhebung der Trennung von Produzent

---

Haushalte über diese Mittel zu erhöhen" (Siebel 1986, zit. nach Mutz / Kühnlein / Burda-Viering / Holzer 1997, S. 15).

[290] Zahlen laut Statistik des Arbeitsamtes Freiburg

[291] vgl. Mutz / Kühnlein / Burda-Viering / Holzer 1997, S. 101

[292] Murray Bookchin propagiert solche holistischen Ansätze für eine ökologisch orientierte Ökonomie als libertären Kommunalismus in den USA. Er fordert das genaue Gegenteil von Rifkin, nämlich kleinräumige, überschaubare kommunalisierte Gemeinschaften, die die moderne Technologie nutzen, um in einem Einklang mit dem sie umgebendem Ökosystem zu leben (vgl. Bookchin 1992, S. 194ff).

[293] vgl. Mutz / Kühnlein / Burda-Viering / Holzer 1997, S. 14

und Konsument und des Abbaus arbeitsteiliger Prozesse. Soziale Eigenarbeit wie die autonome Gründung einer Krabbelgruppe ermöglicht Kennenlernen und Zusammenwachsen innerhalb überschaubarer Territorien. Eine Idee wie die der Eigenarbeit umzusetzen und ein konkretes Projekt zu initiieren und über mehrere Jahre aufrechtzuerhalten, um den Sinn solcher Ansätze greifbar zu machen, ist eminent wichtig, a) weil vorgelebt werden muß, wie nicht nur reaktiv und konsumierend mit gesellschaftlichen Entwicklungen umgegangen werden kann, b) um in der Sozialarbeit Ansätze zu haben, wie weitere Projekte auf regionaler Ebene entstehen können, c) um politisch argumentieren zu können, Gelder für solche Projekte bereitzustellen und „Realpolitikern" Utopien zu bieten.

In dem Projektbericht von 1994 heißt es: „Eine solche Einrichtung muß vorhanden sein, um dem einzelnen Menschen Alternativen zu Markt und Konsum zu eröffnen. Die [...] Frage nach der Veränderung von Lebensmustern aufgrund von Eigenarbeit ist von größter gesellschaftlicher, wirtschaftlicher und ökologischer Bedeutung, denn wir wissen, daß unsere Lebens- und Wirtschaftsweise unseren Planeten Erde tendenziell überlastet"[294]. Die Autoren meinen weiter, daß sich die Veränderung von Lebensmustern an diesem oder jenem HEI - Nutzer nachweisen läßt, aber sich aufgrund der gesamtgesellschaftlichen Dimension nicht nur mit HEI - Daten beantworten läßt. Sie verweisen auf die Forschungsarbeiten von Pahl und Jessen[295], die auf die große Bedeutung von informeller bzw. Eigenarbeit für die Gestaltung von Lebensmustern hinweisen. Die „anstiftung" will sich in Untersuchungen und weiterer Forschungstätigkeit zunehmend den gesamtgesellschaftlichen Fragen betreffs der Eigenarbeit widmen.

Klaus Offe und Rolf Heinze meinen, daß Eigenarbeit im Sinne des HEI als inspirierende Idee und Denkansatz sicherlich reizvoll ist, daß aber die darin enthaltene Kritik an Marktgesellschaft und Konsumverhalten als theoretischer Hintergrund unterkomplex sei. Sie fragen, ob es genügend Bedarf nach autonomer Arbeit gibt, für welche Problemlagen das HEI eine Lösung anbieten kann und ob die Bereitstellung einer Infrastruktur ausreichend für eine intensive Nutzung ist[296].

Daß es das HEI 10 Jahre nach der Eröffnung noch gibt, ist Indiz für die Notwendigkeit der Arbeit. Zum Unterschied zwischen einem Hobbykeller für Fortgeschrittene und dem HEI gefragt, meinte die Mitarbeiterin Heidi Zettel, daß es um einen ressourcenorientierten Ansatz gehe. Es werden nicht nur Maschinen und Räume geteilt, welche sich ein Laie oftmals nicht leisten könnte, sondern es geht immer auch um die Aspekte des Teilens und miteinander Arbeitens, des Austauschens von Kenntnissen und Fähigkeiten. Zu dem Aspekt der Lebenslagen meinte

---

[294] vgl. Redler/Horz 1994, S.52

[295] vgl. Redler/Horz 1994, S. 53

[296] vgl. Offe/Heinze 1990, S. 257

sie, daß das Besondere am HEI die Offenheit für alle möglichen Lebenslagen ist, also nicht die Festlegung auf Gruppenzugehörigkeiten wie behindert, alt oder arbeitslos. Das Haus hat einen starken sozialen Aspekt, ohne an bestimmte gesellschaftlich definierte Problemlagen gebunden zu sein. Es geht um eine Förderung von Gemeinsinn[297].

Dies unterstrich auch Kurt Horz, langjähriger Mitarbeiter und für die Finanzierung und Öffentlichkeitsarbeit zuständig. Vom Ansatz der Eigenarbeit her ist der Kern der Arbeit des HEI nicht zielgruppenspezifisch, aber gruppenintegrativ. Hier kommen in einer offenen Einrichtung Menschen beiderlei Geschlechts, aller Alters- und Einkommensgruppen, Erwerbstätige und Nichterwerbstätige auf engem Raum zusammen, um tätig zu werden und sich darin zu begegnen, was in einer sich immer mehr individualisierenden Gesellschaft ungewöhnlich ist.

Das Haus trug sich 1997 bei einem Gesamtbudget von 650000 zu 40% selbst. 15 % der Gelder kommen von einer Stiftung[298]. Seit 1994 werden weitere 35% durch Fördergelder der Stadt München (Referat für Arbeit und Wirtschaft, Sozialreferat und Kulturreferat) und 15% Zuschüsse zu den ABM - Stellen vom Arbeitsamt finanziert[299]. Die Besucherzahlen sind seit 1994 ungefähr gleich geblieben[300]. Im Durchschnitt nutzen das HEI täglich zwischen 50 bis 60 Personen, davon sind ungefähr 20 Werkstattnutzerinnen, die übrigen besuchen Kurse, Veranstaltungen und diverse Treffs[301]. Die langfristige Zielsetzung des HEI ist nach wie vor die Förderung der Eigenarbeit. Im Gegensatz zu der ersten Bilanz aus dem Jahre 1991 scheint sich das HEI, sowohl von der öffentlichen Anerkennung her als auch der Integration im Stadtteil und in der Bevölkerung, als Institution etabliert zu haben.

8.3 „Zwischen Arbeit und Ruhestand" ZWAR in Dortmund

Dieses Projekt nimmt eine Zwitterfunktion zwischen Arbeitslosenarbeit und Seniorenarbeit ein. Die Projektfinanzierung des Landes Nordrhein-Westfalen (NRW) legt als Zielgruppe die „Jungen Alten" zwischen 50 und 65, genauer definiert als Vorruheständler und deren Partner, Menschen in der Berufsaustrittsphase, ältere Langzeitarbeitslose, Frauen am Ende der Familienphase und deren Angehörige fest. ZWAR hat nach wie vor einen Bezug zur Lohnarbeit, sieht sich aber weder als Arbeitslosen- noch als Altenarbeitsprojekt und kann wegen der

---

[297] persönliches Gespräch mit Heidi Zettel, Sozialpädagogin im HEI am 7.11.1997

[298] Kurt Horz, Mitarbeiter des HEI, nannte die Wuppertaler ERTOMIS-Stiftung, allerdings ohne weiterere Angaben über deren Zielsetzung zu machen.

[299] vgl. Mutz / Kühnlein / Burda-Viering / Holzer 1997, S. 24

[300] persönliches Gespräch mit Kurt Horz am 11.11.1997

[301] vgl. Mutz / Kühnlein / Burda-Viering / Holzer 1997, S. 24

Breitenwirkung und Ausdehnung über die Region Ruhrgebiet und NRW modell-haft für eine regionalisierte Soziale Arbeit gesehen werden. ZWAR legt großen Wert auf Gruppenarbeit und Teamentwicklung zur Selbsthilfe, berücksichtigt dabei sowohl die Problematiken von freier Zeit als auch von Sinnfindung ohne Erwerbsarbeit. Die zugrundeliegende Methode kann auf andere Gruppen ange-wandt werden. Auf die Bedeutung einer kollektiven Verarbeitung von Arbeits-losigkeit verweist Krafeld[302].

Im Ruhrgebiet wurden im Zuge der Kohl- und Stahlkrise Mitte der 80er Jahre Bergleute und Stahlarbeiter kohortenweise arbeitslos, beziehungsweise mußten - über Sozialpläne abgesichert - in den Vorruhestand gehen. Solche Massenent-lassungsprozesse wiederholen sich zur Zeit in den neuen Bundesländern, eine Entwicklung, die dort noch nicht abgeschlossen sein dürfte. Auch hier engagiert sich ZWAR, da Brandenburg das Partnerland Nordrhein-Westfalens ist. Solche Massenentlassungsprozesse entwickeln eine andere Dynamik als vereinzelte Arbeitslosigkeit, da ganze Siedlungen ihren bisherigen Lebensrhythmus durch veränderte Zeiteinteilung der Arbeitnehmer verlieren.

Entstanden ist das Projekt aus Erfahrungen der neugegründeten Altenakademie an der PH-Ruhr in Bochum und dem Schwerpunkt Soziale Gerontologie an der Uni-versität Dortmund. Als Modellversuch wurde ein Seniorenstudium aufgebaut und zeitlich versetzt dazu das ZWAR - Projekt. Bis 1990 war es an der Universität Dortmund angegliedert und konzentrierte sich erst auf Vorruheständler und dann vermehrt auf die Fragen von dauerhafter Nichtarbeit und freier Zeit.

Seit 1994 ist das Projekt beim „Ministerium für Arbeit, Gesundheit und Soziales" in NRW angesiedelt und hat als Aufgabe, verbands- und institutionenübergreifen-der Träger von Maßnahmen für die Zielgruppe zu sein. ZWAR berät Einzelperso-nen und Gruppen, verknüpft diese zu Netzwerken und Gruppen, die aber infor-mell und stadtteilbezogen arbeiten. Die Prozesse der Selbsthilfe/Selbstorganisati-on, angestoßen und moderiert von ZWAR, gehen von individuellen wie gruppen-bezogenen Betroffenheitsthemen und Erfahrungen aus. Die Gruppenaktivitäten sind nicht vorgegeben, sondern werden in Zielfindungsseminaren entwickelt, überprüft und gegebenenfalls immer wieder neu formuliert. Gruppengründungen werden von den für verschiedene Regionen zuständigen ZWAR - Mitarbeitern vorbereitet und initiiert. Die Stadtteilgruppen und daraus entstehende Interessen-gruppen werden drei Jahre lang von vor Ort ansässigen Fachberaterinnen begleitet. In sechs Seminaren, die halbjährlich außerhalb stattfinden, werden Gruppenziele gesucht und Gruppenfindungsprozesse initiiert. Die Gruppe soll sich von einem Nachbarschaftsnetz zu einem Freundeskreis entwickeln, welcher eine sinnvolle Zeitgestaltung und Unterstützung ermöglicht. Die Entwicklung und Umsetzung der Gruppenaktivitäten in Selbstorganisation soll eine Antwort auf die

---

[302] vgl. Krafeld 1989, S. 37

Ausdünnung des „sozialen Atoms"[303] durch den Verlust der Kontakte aus der Arbeitswelt oder aufgrund des Endes der Familienphase sein. Die Gruppen sollen Ausgangspunkt für unterschiedlichste Formen der aktiven gesellschaftlichen Teilhabe darstellen. ZWAR macht die hierfür nötige Öffentlichkeitsarbeit, Coaching und Supervision, Initiierung der Gruppenprozesse, Weiterbildung der Mitarbeiter von anderen Trägern und Verbandsarbeit[304].

Die Gruppenaktivitäten der ZWARler lassen sich in vier Bereiche unterteilen:

1) Freizeitaktivitäten: Kochgruppe, Segelgruppe, Wandergruppe etc. Die Aktivitäten werden als äußere Form für Kommunikation und Reflexion in und mit der Gruppe benutzt, dies soll zur Kompetenzaneignung für selbstorganisierte Lebensgestaltung dienen.

2) Bildungsaktivitäten: Von Seminaren zu Pflegesätzen über Selbsterfahrungskurse, Erlernen der Seeschifffahrtsstraßenordnung oder journalistische Qualitätsstandards. Der Weiterbildungsbedarf ergibt sich aus den konkreten Gruppenvorhaben und Problemsituationen und dient der Entwicklung von Lern- und Bildungsbedürfnissen.

3) Aktivitäten des freiwilligen sozialen Engagements und gesellschaftlicher Teilhabe: Dazu gehören Vertretung eigener Interessen in Seniorenbeiräten, Mitarbeit in Arbeitskreisen ebenso wie Demonstrationen gegen weiteren Arbeitsplatzabbau oder ein Einsatz für die Interessen anderer wie Betreuung von „Schlüsselkindern" oder dem Aufbau einer Hausaufgabenhilfe für Migrantenkinder.

4) Ganzheitliche Gesundheit: Eine Folge des Arbeitsansatzes von ZWAR ist die Sensibilisierung der Gruppenmitglieder für eigene Befindlichkeiten, Bedürfnisse und Störungen. Daraus ergeben sich Gruppenaktivitäten, die von der Wirbelsäulengymnastik bis zum Kochkurs reichen.

Ein Beispiel für ein konkretes Projekt ist der Kauf und Ausbau eines alten Frachtseglers. Als sich Wassersportbegeisterte für einen Kauf interessierten, mußten sie feststellen, mit welchen Kosten dies verbunden war. Sie sicherten sich die Unterstützung des Landes NRW, renovierten den Frachtsegler in dreijähriger Eigenarbeit, machten die entsprechenden Scheine und führen inzwischen größere Touren nach Dänemark durch. Dies war nur durch einen Gruppenprozeß, Engagement in der Sache, Lernen von Kooperation, Inhalten und Umgang mit Institutionen möglich, was zu neuem Lebenssinn verhalf.

---

[303] Der Begriff „sozialen Atom" geht auf Moreno (1947) zurück und meint im wesentlichen die sozialen Beziehungen zur nächsten Umwelt (vgl. Klehm/Ziebach 1997, S. 4 in: Diskussionsvorlage „Persönliche Wachstumsprozesse... ").

[304] vgl. ZWAR - Projektbericht 1997, S. 12ff

Als theoretische und pädagogische Grundlage des Projekts wird der Zwang zur Verarbeitung von ungewollten Lebensereignissen bei gleichzeitigem Fehlen von kollektiven Deutungsmustern genannt. Dies kommt in den neuen Bundesländern noch deutlicher zum Tragen als in NRW. Der Zwang zur individuellen Verarbeitung ist groß, als neuer Wertmaßstab soll „das eigene Ich in prozeßhafter Kommunikation mit anderen erfahren werden"[305]. Der Prozeß des Lernens soll sich „in der Reflexion darüber ergeben, was und wie gelernt wird", um eine Emanzipation und Selbstreflexion zu erreichen. Die Basis der Gruppenarbeit sind die Wünsche der Teilnehmerinnen und Teilnehmer. „Gefordert und gefördert wird die Individualität der Teilnehmer/-innen. Jeder ist eigenes Zentrum und Konstrukteur von Gruppenaktivitäten zugleich"[306]. Die Grundlage bildet ein selbstreflexives Lehr-Lern-konzept, das die Gruppe als ein ganzheitliches Integral von sich selbst organisierenden sozialen Systemen versteht. Die Moderation soll ein eigenes Erlernen von Zielfindungsprozessen ermöglichen, um die Gruppe autonom werden zu lassen. Die Gruppenarbeit wird damit begründet, daß informelle sekundäre Netzwerke im sozialen Nahraum bei der Verarbeitung von kritischen Lebensereignissen und für den Prozeß der Sinngewinnung einen besonderen Stellenwert haben. Der Aufbau einer Selbsthilfegruppe wird zum Medium pädagogischer Intervention. ZWAR versteht sich „ausdrücklich nicht als Freizeitanimateure für ältere Erwachsene à la 'Club Mediterrané'"[307]. ZWAR bietet keine Beschäftigungsangebote, sondern gemeinsame Suchprozesse. Sowohl die klassische Handarbeitsgruppe von Frauen als auch die Holzgruppe von Männern sind häufig gleichgeschlechtliche Clearinggruppen für aktuelle Lebensfragen. Darauf verweist auch das HEI in München[308].

Sinnstiftende Lebensspielräume ergeben sich aus der ehemaligen beruflichen Qualifikation, den Sozialbeziehungen und dem Einkommen. Damit beinhaltet die Phase des Übergangs von Lohnarbeit zum Ruhestand das Risiko der Kumulation der Chancenungleichheiten, die schon vorher im mittleren Lebensabschnitt gegeben waren. Da Krisen nicht antizipierend verarbeitet werden können und Krisenbewältigungsstrategien in der Regel nicht zum Bildungsgut der von der plötzlichen Entlassung betroffenen und deren Angehörige gehören, werden diese meistens unvorbereitet getroffen. Bei der „Transformation von Individualisie-

---

[305] vgl. ZWAR - Projektbericht 1997, S. 25; In dem Projektbericht steht wörtlich: „Demzufolge geht es dem Verständnis nach um eine subjektivistische Anreicherung der axialen Mitte. (...) Es geht um die existentielle Animation aller Beteiligten des Gruppensettings" (S. 26). Der ganze Bericht ist in einem solchen Stil verfaßt, was es nicht gerade einfach machte, greifbare Aussagen herauszufiltern. Die interessanteren Diskussionsvorlagen sind allerdings in einem besser lesbaren Stil gehalten.

[306] vgl. ZWAR - Projektbericht 1997, S. 27

[307] Klehm 1990, Eröffnungsrede des ZWAR Hauses Dortmund

[308] Mutz / Kühnlein /Burda-Viering /Holzer 1997, S.70ff

rungsrisiken zu Entwicklungschancen" kommt der Bildung eine zentrale Herausforderung zu. Dabei muß diese primär auf „die Steigerung der Subjektkompetenzen" der Betroffenen ausgerichtet sein[309].

Für die Zukunft muß sich das ZWAR - Projekt noch stärker als bisher der Initiierung lebenslanger Lern- und Entscheidungsprozesse zuwenden. Wolf Klehm und Peter Ziebach sprechen davon „daß wir sozusagen eine neue Kunstform sozialer Arbeit kreieren müssen"[310]. Es sollen Interventionsstrategien gefunden und umgesetzt werden, die bei der Bewältigung dauernder Arbeitslosigkeit förderlich sind. Diese sollen Fähigkeiten, Fertigkeiten und Haltungen auszubilden helfen, die oft im Gegensatz zu den im Erwerbsleben benötigten stehen. Diese Fähigkeiten und Kompetenzen sind „Spontaneität, Eigenverantwortlichkeit, Verantwortungsbereitschaft, Authentizität, Widerstandskraft, Solidaritäts-, Freiheitsund nicht zuletzt Liebesempfinden, die nicht im Produktions- und Verwertungszusammenhang stehen"[311]. Dies verlangt gerade am Anfang einer solchen Bildungsarbeit Kriseninterventionsstrategien und einen Blick für Gruppendynamiken. Grundlage der Arbeit sind die bisher gemachten Erfahrungen der Teilnehmerinnen und Teilnehmer im Gruppenprozeß. Ihre Lebens-, Krisen-, Beziehungs- und Berufserfahrung, ihr Wissen um eigene und Stadtteilressourcen soll der Gruppe zugutekommen und dazu dienen, die Zeit nach der Erwerbsarbeit sinnvoll nutzen zu können. Grundlage dieses Bildungsansatzes ist ein humanistisches Menschenbild, das von einem Expertentum der Betroffenen für die eigenen Belange ausgeht. Der Schaffung von neuen Solidaritäten und Sinnzusammenhängen kommt dabei eine entscheidende Bedeutung zu, da bisherige immer weniger relevant werden. Dies ist entscheidendend wichtig für institutionell verankerte Sozialarbeit, denn verliert die Institution an Glaubwürdigkeit in Sinnfragen, so wird dies allzuleicht auf die ihr angehörende Sozialarbeit übertragen. Sie könnte damit rein aus dem Fakt der Institutionszugehörigkeit ihren Kontakt zu Betroffenen verlieren.

Der Aspekt der Erwachsenenbildung in seiner Ausformung als Arbeitslosenbildung wird im ZWAR -Projekt als wichtigster Konzeptpunkt dargestellt. Sowohl Friedhelm Wolski-Prenger[312] als auch Franz Josef Krafeld[313] betonen die Wichtigkeit von Bildung in der Erwerbslosenarbeit, allerdings nur als einen Teilaspekt von Sozialer Arbeit mit Erwerbslosen. Bildung in der Arbeitslosenarbeit ist weiter zu fassen und es ist nicht, wie von Wolski-Prenger lediglich gefordert, mit dem

---

[309] vgl. ZWAR - Projektbericht 1997, S. 12ff

[310] Klehm/Ziebach 1997, S. 7 in: Diskussionsvorlage „Konzepte zugehender Bildungsarbeit..."

[311] Klehm/Ziebach 1997, S. 5 in: Diskussionsvorlage „Konzepte zugehender Bildungsarbeit..."

[312] vgl. Wolski-Prenger 1996, S. 186 ff

[313] vgl. Krafeld 1989, S. 125 ff

Aufbau einer kleinen Bibliothek getan[314]. Bei dieser Art von Erwachsenenbildung sind nicht nur die wachsende Analphabetisierung, sondern auch die unterschiedlichen Bildungsgrade und Lebenswelten zu berücksichtigen. Der Ansatz der Erwachsenenbildung des ZWAR - Projekts als selbstreflexiver Prozeß entspricht den neuesten Ansätzen auf diesem Gebiet, wie sie von Edmund Kösel[315] formuliert worden sind. Diese prozeßorientierte Lernweise unterscheidet sich deutlich von Ansätzen des „Sozialprofis", welcher Zielvorgaben schafft und auch weiß, wo es langzugehen hat. Der ZWAR - Projektbericht spricht von existentieller Animation, da die eigene Existenz thematisiert wird. Sozialarbeit würde in einer Animationsfunktion dazu dienen, Menschen zu inspirieren und anzuregen helfen, intensive soziale Kontakte in Form von Wahlverwandschaften entstehen zu lassen, soziokulturelle Partizipation zu ermöglichen und Orientierung zu geben. Leben in „der Postmoderne" bedeutet Auswahlen treffen zu müssen, für die Kriterien geschaffen werden müssen. Mit dem Wegbrechen traditioneller sinngebender Institutionen fallen die institutionellen Kriterien weg und die Subjekte müssen eigene, aus dem Erleben entstandene Kriterien schaffen. Um diesen Prozeß zu ermöglichen wird die Gruppe und ein entsprechendes Moderationsverfahren benutzt, denn eine „reflexive Individualisierung" braucht ein Gegenüber. Wenn auch ökonomische Ungerechtigkeiten vielfach erhalten bleiben, rücken aus dem dadurch entstehenden Spannungsverhältnis gesellschaftliche Wirklichkeiten und Prozesse wieder ins Blickfeld[316]. In die Zukunft gerichtete Interventionsformen Sozialer Arbeit und die Schaffung neuer Solidaritäten, die den Bedürfnissen der Betroffenen entsprechen, sind lohnende Ansätze. Allerdings müssen diese konsequent weiterverfolgt und umgesetzt werden, um nicht in Gefahr zu geraten, gesellschaftliche Krisen und Systemprobleme zu individualisieren, beziehungsweise dem Gruppenprozeß zu überantworten. Auf diese Gefahr wird in einer ZWAR - Publikation auch hingewiesen[317], dort wird aber nicht angesprochen, wie sich eine solche Erkenntnis praktisch umsetzen läßt.

Die Arbeit des Projektes ZWAR setzt bei Menschen an, die ihr Erwerbsleben hinter sich haben, oft früher als dies allgemein gesellschaftlich anerkannt ist, aber nicht mit dem Stigma Arbeitslosigkeit, sondern mit dem kleineren des Vorruhestandes oder Frührentners versehen. Unter dem Aspekt der Arbeitslosenarbeit müßte mittelfristig eine Umorientierung von der Arbeit mit Menschen, die nach einer Erwerbstätigkeit in Rente bzw. Vorruhestand sind, hin zu den Menschen gehen, die diese Möglichkeit gar nicht hatten, beziehungsweise sich Perioden längerfristiger Nichterwerbstätigkeit gegenübersehen. Dr. Wolf Klehm meint, daß

---

[314] vgl. Wolski-Prenger 1996, S. 185ff

[315] vgl. Kösel 1995

[316] persönliches Gespräch mit Dr. Wolf Klehm am 15.9.1998

[317] vgl. Klehm / Naumann / Sendes / Ziebach 1997 S. 2 in: Diskussionsvorlage „Betroffenenbeteiligung..."

sich mit der Methode, die ZWAR anwendet, auch mit Arbeitslosen mittleren Alters arbeiten liesse, problematisch bei dieser Gruppe eher die Erreichbarkeit wäre. Fraglich ist, ob ein solches Projekt gesellschaftlich erwünscht und damit finanzierbar ist. Interessant beim ZWAR - Projekt ist auf jeden Fall die Regionalisierung als Ansatzpunkt für ein soziales Projekt sowie die Ausrichtung auf eine Zielgruppe, die durch einen prozeßhaften Lebensabschnitt definiert wird, der an einem Lebenszeitkonzept anknüpft. ZWAR existiert seit bald 20 Jahren, es expandiert durch weitere Gruppengründungen nach wie vor. Das Projekt liefert in der geleisteten Arbeit und in den hier erwähnten Diskussionsvorlagen einige bemerkenswerte Ansätze zu neuen Möglichkeiten und Interventionsformen Sozialer Arbeit.

8.4 Tauschringe und deren Vernetzungsmöglichkeiten

Ein Ansatz, eine Ökonomie der Gegenseitigkeit zu etablieren, die Arbeitslosen helfen könnte, eine ressourcenorientierte und emanzipative Lebensgestaltung zu ermöglichen, stellen Tauschringe dar. Zur Zeit erleben Tauschringe eine Renaissance[318]. Ihre Grundidee ist simpel: Güter und Dienstleistungen werden nicht mit Geld bezahlt, sondern mit anderen Gütern und Dienstleistungen beglichen und dies nicht nur zwischen einzelnen Personen, sondern auch indirekt zwischen einer größeren Zahl von Mitgliedern. Nach dem Vorbild der kanadischen Local Exchange and Trade Systems (LETS) werden sie auch von sozialarbeiterischer Seite her in Gemeinwesen initiiert. Dabei ist vorrangig an die Installierung nachbarschaftlicher Beziehungen und Nachbarschaftshilfe als Zielsetzung gedacht worden. Zur Einrichtung eines Tauschringes in einem lokal oder sozial begrenzten Rahmen müssen genügend Leute gefunden werden, eine Verrechnungseinheit definiert und zwischen den Tauschenden eine Clearingstelle geschaltet werden. Als Verrechnungseinheit bietet sich eine Zeiteinheit an, was den Vorteil hat, daß die im Lohn festgelegte Wertschätzung von Erwerbsarbeit wegfällt und den Nachteil, daß Leistungen, die eine vorherige Investition benötigen (wie den für den Umgang mit einem Computer benötigten Wissenserwerb), mit denen, für die das nicht gilt, gleichgesetzt werden. Eine genaue Anleitung zur Initiierung eines Tauschringes inklusive rechtlicher Problematiken an dieser Stelle zu geben wäre verfehlt, da die Struktur von den lokalen Gegebenheiten und Bedürfnissen abhängig ist und daher auch vor Ort in einem Prozeß mit den Mitgliedern entstehen sollte[319].

---

[318] Zur Geschichte von Tauschringen sei verwiesen auf Borchardt/Wirtz 1996, 13ff und sehr ausführlich Offe/Heinze 1990, S. 109ff.

[319] vgl. Wirtz/Borchardt 1996, S. 61; Dort finden sich auch eine Mustersatzung und ein Überblick über Aufgaben des zu gründenden Vorstandes, über Öffentlichkeitsarbeit, sowie ein Übersicht über bereits bestehende Tauschringe und andere Formen der Naturalwirtschaft.

Klaus Offe und Rolf Heinze weisen in ihrem sehr ausführlichen Buch über Tauschringe und andere Formen der Eigenarbeit auf verschiedene Funktionsschwächen von Tauschringen hin[320]. Eine wesentliche Schwäche ist das Größenproblem, das sich dann ergibt, wenn ein Tauschring lokal begrenzt oder nur auf eine bestimmte Gruppe oder Subkultur beschränkt bleibt. Daraus können sich Probleme der sachlichen Leistungsdiversifikation ergeben. Angebot und Nachfrage bleiben auf wenige Bereiche begrenzt, so daß kein reger Austausch entstehen kann. Ein solcher Tauschring kann sich außerdem nicht über die Grenzen des Gemeinwesens oder der Subkultur hinaus vergrößern. Die Autoren nennen weiterhin das Privatismus- und Vertrauensproblem, das auftaucht, wenn ein „Fremder" z. B. zum Babysitten im als privat empfundenen Bereich eine Leistung erbringt, welche möglichst noch hochwertig sein soll. Ein wichtiges Problem bei Tauschringen ist das der Verteilung: Diejenigen Bevölkerungsgruppen, die sowohl vom Einkommen als auch von den Möglichkeiten von Ausbildung und Lebenszeit am meisten auf nichtmonetären Austausch angewiesen wären, haben oft Schwierigkeiten eigene Angebote zu erbringen. Austauschnetze, die eine soziale Zielsetzung haben sollen, müßten daher sowohl von der Größe als auch der sozialen und (lebens-) zeitlicher Mischstruktur so dimensioniert sein, daß Austausch zwischen verschiedenen Leistungskategorien und Lebensaltern ermöglicht wird. Konkret heißt das, daß die Möglichkeiten so breit gefächert sein müssen, daß z. B. ein alter Mensch eine Handwerksleistung wie das Streichen seiner Wohnung an geeigneter Stelle durch Vorlesen für kleine Kinder tauschen können sollte. Hier zeigt sich deutlich die Schwierigkeit von sozialpolitisch attraktiven und gesamtgesellschaftlich nötigen Problemlösungen: Diese dürfen sich nicht nur auf Lösungen von Einzelproblemen und Ansätzen für bestimmte Gruppen beschränken[321]. Ein Tauschring kann seine Vorteile nur dann entfalten, wenn eine Angebots- und Nachfragevielfalt besteht und auf den Verrechnungskonten keine Anhäufung von Schulden oder Guthaben aufgrund mangelnder Transfermöglichkeiten entsteht. Dies sollte bei der Konzeption beachtet werden.

Eine Möglichkeit, wie den angesprochenen Nachteilen begegnet werden kann, ist der Zusammenschluß von Tauschringen mit Betrieben und ökologisch und sozial orientierten Projekten. Ein solcherart organisierter Tauschhandel wäre ein multilateraler Güter- und Leistungstausch, der die Vorteile der Geldwirtschaft mit denen der Tauschwirtschaft verbindet. Ein solches Netzwerk könnte die Basis für einen breiten Austausch bieten und damit die Möglichkeit, eigene Kräfte durch Ressourcentausch zu stärken. Damit könnte eine langfristig ökonomisch relevante Kooperation und ein wirtschaftlicher Transfer entstehen, der Ansätze von Leben ohne Lohnarbeit auf dem ersten Arbeitsmarkt erleichtern würde. Von der freien Wirtschaft wird das System des Countertrading (Bartern), also eines breiten

---

[320] Offe/Heinze 1990, S. 264ff

[321] vgl. Offe/ Heinze 1990, S. 268

Austausches, schon lange benutzt und gewinnt bei der Abwicklung von Großprojekten mit den devisenschwachen GUS-Staaten noch mehr an Bedeutung[322]. Erste Versuche der Kooperation eines privaten Tauschringes mit gewerblichen Barter-Clubs und somit der Erweiterung der Tauschmöglichkeiten existieren bereits[323].

Interessant für Arbeitslosenarbeit könnten Tauschringe dann werden, wenn die Tauschmöglichkeiten nicht nur kleinräumig und zielgruppenspezifisch begrenzt bleiben, sondern regionalisiert werden und soziale und ökologisch orientierte Betriebe mit einbeziehen. Wird so Angebot und Nachfrage bezüglich einer genügenden Bandbreite von Dienstleistungen und Gütern in ausreichendem Maße erreicht, so bieten sich durchaus Möglichkeiten, z. B. Volontariate oder Praktika für Arbeitslose, die einer Qualifikation dienen, gegen eine Arbeitsleistung auszutauschen. Dies wäre auch im Sinne einer emanzipativen Gestaltung von Erwerbsarbeit, da Tauschringe immer eine Kultur der Kooperation voraussetzen. Solche Angebote hätten integrierenden Charakter und würden nicht nur eine Beschäftigungstherapie wie Laubfegen oder ähnliches darstellen. Tauschringe sind auch soziale Experimentierfelder, weil durch die Tauschbeziehung Konfliktfähigkeit bzw. Konfliktmeisterung nach neuen Bewertungskriterien eingeübt wird. Jeden Tausch begleitet die aufgrund gesellschaftlicher Erfahrung geprägte Vermutung, übervorteilt zu werden. Hier Kreisläufe zu schaffen, die andere Erfahrungen ermöglichen, wäre ein wünschenswerter Prozeß. Allerdings sollten auch hier die Bedürfnisse von Menschen, für die ein solcher Tauschring geschaffen wird, nicht außen vor gelassen werden. So weist Dieter Oelschlägel darauf hin, daß in einem „Armutsquartier" aus reiner Notwendigkeit eine informelle Ökonomie besteht, die hauptsächlich aus dem Tausch von Waren und Dienstleistungen besteht. Oelschlägel meint, daß bei einer Institutionalisierung die Gefahr besteht, daß Sozialarbeit den Menschen Kompetenzen und Kapazitäten ihrer Organisationsfähigkeit wegnehmen würde. Möglicherweise würden die Bewohner auch gar nicht mitmachen, denn die Sozialarbeiter „müssen ja auch nicht über alles Bescheid wissen"[324]. Damit ist vor allem die existierende Schwarzarbeit gemeint. Solche Projekte sollten daher zielgruppenorientiert konzipiert werden.

Die Idee Tauschringe, mit sozialen und ökologisch orientierten Projekten zu vernetzen ist relativ neu. Solche Ansätze werden von der Stiftung Mitarbeit unterstützt. Eine genaue Anleitung, wie Tauschringe organisiert werden und ein Netzwerk aussehen könnte, findet sich in der Veröffentlichung von Wolfgang Borchardt und Joachim Wirtz, herausgegeben von der Stiftung Mitarbeit. Die

---

[322] Wirtz/Borchardt 1996, S. 13

[323] Das Talent-Experiment Hochschwarzwald ist gerade dabei, mit dem EBB BadenBaden ein Modell aufzubauen, wie eine solche Kooperation gelingen könnte. Ob dies erfolgreich ist, bleibt abzuwarten (vgl. Baier 1997, S. 4).

[324] Oelschlägel 1991, S. 51

Autoren gehen davon aus, daß eine zukunftsfähige ökonomische Entwicklung ohne vorsorgendes, nachhaltiges Wirtschaften und ohne eine neue „Kultur der Kooperation" nicht möglich sein wird. Dazu gehört der Aufbau von Wirtschaftssystemen mit einem lokalen und regionalen Bezug ebenso wie mit neuen Verkehrsformen und ökologischen und sozialen Wertvorstellungen. Die Vernetzung von Tauschringen und Betrieben könnte eine Möglichkeit sein, die lokalen Strukturen zu stärken[325]. Mit der Miteinbeziehung von Projekten erhöht sich deren Chance, die dringend benötigte Kapitalausstattung aufzubauen. Einnahmen im Tauschring bringen keinen Geldzuwachs, aber ein erhöhtes Verrechnungsguthaben[326]. Eine Erhöhung des Geldvolumens könnte aber mit Einbezug von Alternativbanken und Öffentlichkeit durch Vergabe niedrig verzinster Darlehen erreicht werden, wie dies beim Aufbau des Vereins für Soziale Ökonomie in Basel versucht wird[327]. Mit diesem Ansatz soll auch die lokale Ökonomie gestärkt werden, da eine Kapitalflucht durch eine regionale Tauschwirtschaft verhindert wird[328]. Ein weiterer Gedanke ist die Schaffung lokal verorteter Arbeitsplätze.

Auf jeden Fall könnten mit solchen Bemühungen Beschäftigungsressourcen insbesondere im Bereich zwischen Lohnarbeit und den Bereichen Freizeit, Hobbyund Kulturarbeit geschaffen werden. Mit dem HEI in München und dem dortigen Tauschring LETS besteht bereits eine solche enge Kooperation[329]. Für die einzelnen Mitglieder des Tauschringes wäre der Vorteil einer solchen Vernetzung das vergrößerte Leistungsangebot und bei entsprechender Organisation auch die Möglichkeit langfristiger Guthaben. Dies könnte z. B. so aussehen, daß durch die Mithilfe bei der Renovierung eines Hauses durch Geld oder eigene Leistung ein längerfristiges Wohnanrecht erworben wird. Inwieweit sich solche Ansätze um und durchsetzen lassen, bleibt auszuprobieren, auf jeden Fall bietet sich hier ein Ansatzpunkt für eine Arbeitslosenarbeit, die sich nicht nur auf Beratung beschränkt.

---

[325] vgl. Wirtz/Borchardt 1996, S. 15ff

[326] vgl. Wirtz/Borchardt 1996, S. 18

[327] vgl. Wallimann 1997, S. 4

[328] vgl. Wirtz/Borchardt 1996, S. 18

[329] vgl. Mutz / Kühnlein / Burda-Viering / Holzer 1997, S.98

9. Fazit

Den Ausgangspunkt dieser Arbeit bildete die gegenwärtige Massenarbeitslosigkeit und die Frage, wie damit von der Seite der Sozialarbeit umgegangen werden kann. Daraus folgte die Überlegung, daß für einen Teil der Arbeitslosen andere Möglichkeiten gefunden werden müssen als ein aussichtsloser Versuch der Wiedereingliederung in den ersten Arbeitsmarkt. Angesichts der Breite des Themas konnte vieles nur angedacht werden. Ebenso bleibt die Interpretation einiger Entwicklungen diskussionswürdig. Die Veränderungen der Arbeitslosenzahlen, der Stellenwert der Arbeit in der Gesellschaft und die Rolle, die Sozialarbeit dabei spielt, ist ein prozeßhafter Vorgang, der in seiner Dynamik gesehen werden muß. Friedhelm Wolski-Prenger und Dieter Rothardt weisen in ihrem Buch darauf hin, „daß Arbeitslosenarbeit ein neueres Feld von Sozialarbeit ist und die professionelle Soziale Arbeit mit Arbeitslosen in vielem paradox ist"[330]. Eine „erfolgreiche" Arbeitslosenarbeit müßte die Wiedereingliederung in den ersten Arbeitsmarkt zum Ziel haben, was aber angesichts der Arbeitsmarktlage als Zielsetzung unrealistisch ist. Deswegen muß Arbeitslosenarbeit darüber hinausgehen und sich auch mit Leben ohne Lohnarbeit auseinandersetzen. Tut sie das nicht, wird sie „Risikogewinnerin" der Arbeitsmarktsituation: „Ihr, die Sozialarbeiter, habt Arbeit, weil wir keine haben". In den beiden hier vorgestellten Projekten sind Sozialarbeiter beschäftigt und in einem Arbeitslosentreff wie „Goethe 2"[331] in Freiburg wird unter anderem auch dahingehend beraten, sinnvolles Leben ohne Lohnarbeit zu lernen[332]. Dies geschieht sicherlich auch anderswo. Es gibt aber in der Arbeitslosenarbeit keine einheitliche Theorie, und der theoretische Hintergrund ist besonders dann dürftig, wenn es um eine Lebensgestaltung ohne Erwerbsarbeit geht.

Thesenhaft läßt sich sagen: Sozialarbeit wird sich in Zukunft mehr als bisher mit nicht generalisierbaren Lebensbedingungen auseinandersetzen müssen. Lebensbedingungen bezogen auf das Thema der Arbeit verändern sich durch:

- Regionalisierung

- Segregation auf lokaler Ebene

- Massenarbeitslosigkeit

- Auflösung durchgängiger Erwerbsarbeit als bestimmendes Lebensmuster

- Veränderungen von Zeitstrukturen

---

[330] vgl. Wolski-Prenger/Rothardt 1996, S. 13ff

[331] vgl. Diakonieverein beim Diakonischen Werk Freiburg „Arbeitslosentreff Entwicklung Profil Ansichten 10 Jahre"; In der Festschrift werden die Entwicklung und das Konzept des Arbeitslosentreffs zusammengefaßt.

[332] persönliches Gespräch am 12.8.1997 mit Herrn Josef Kaiser, dem langjährigen Mitarbeiter des Arbeitslosentreffs „Goethe 2"

- Individualisierung von (problematischen) Lebenslagen

- veränderte ökonomische Gegebenheiten wie Verarmung auf breiter Basis

Dazu kommt, daß diese Veränderungen nicht durchgängig sind. Die Veränderungen der Zeitstrukturen und Arbeitslosigkeit betreffen nicht alle Arbeitnehmer, manche Gruppen dafür um so mehr. Von der Problematik der Arbeitslosigkeit und damit verbundener Armut sind bestimmte Gruppen besonders betroffen, die damit zu „Kunden" von Sozialarbeit werden, ohne daß Sozialarbeit einen besonderen Einfluß auf die Lebensbedingungen hat. Die oben angeführten Veränderungen liegen quer zu bis jetzt möglichen Vereinheitlichungen, sind daher mit bisherigen Begrifflichkeiten und Ansätzen nur ungenügend zu erfassen. Regionalisierung von problematischen Lebenslagen bedeutet, daß es innerhalb der nationalstaatlichen Grenzen sehr unterschiedliche Voraussetzungen für eine individuelle Lebensbewältigung gibt. Ein Arbeitsloser hat in Bayern bei einer Arbeitslosenquote von 7% objektiv andere Chancen eine Erwerbsarbeit zu finden, als einer in Sachsen-Anhalt mit einer Arbeitslosenquote von 20,2%, völlig unabhängig von Qualifikation und Arbeitsmotivation. Wahrscheinlich werden sich die Unterschiede in den Individualisierungstendenzen zwischen ländlichen und urbanen Gebieten weiter vergrößern. Eine Flexibilisierung von Lebensarbeitszeit von einem Landwirt zu fordern erscheint so widersinnig wie ein Ausrichten von Arbeitszeit in einer Fertigungsanlage für Maschinenteile an den Jahreszeiten. Dies sind in gewisser Weise Selbstverständlichkeiten, trotzdem werden sie in ihrer Tragweite im Diskurs zu wenig berücksichtigt. Die meisten Theoretiker und die Lehrstätten für Sozialarbeit dürften in Städten beheimatet sein, so daß der Diskurs von den dortigen Gegebenheiten, Zeitstrukturen und sozialen Hintergründen geprägt wird.

Ein Haus der Eigenarbeit in einem Dorf mit 300 Einwohnern aufzubauen, wäre nicht adäquat, da Eigenarbeit und eine Ökonomie der Gegenseitigkeit dort (noch) ein größtenteils durchgängiges Phänomen ist. Die Theorien von der Pluralisierung von Lebenswelten oder der Individualisierung durch den Zerfall der Familie sind gleichzeitig richtig und falsch, weil die Phänomene existieren, aber nicht durchgängig sind. Viele Entwicklungen, die sich zuerst in den Großstädten vollzogen haben, haben sich später in den ländlichen Gebieten fortgesetzt, aber dies ist kein Argument dafür, daß dies immer so sein muß. Regionalisierung von Sozialarbeit würde als Erweiterung von gemeinwesenbezogener Sozialarbeit, die den sozialen Nahraum z. B. im Stadtteil umfaßt, auch größere Zusammenhänge mit einbeziehen. Wird in einem strukturschwachen Gebiet eine größere Fabrik stillgelegt, so hat dies enorme Auswirkungen auf eine größere Region und deren Gemeinwesen. Die Bewohner haben auf die Rentabilität der Produktionsstätte und damit den Erhalt ihrer Arbeitsplätze keinen größeren Einfluß, außer sie erklären sich bereit, für einen geringeren Lohn zu arbeiten, was zu einer Angleichung der Arbeits- und Lebensbedingungen hier an die in den sogenannten Billiglohnländern führt.

Die Nachkriegsgesellschaft ist größtenteils mobiler geworden, so daß eine Begrenzung auf nur einen Stadtteil manche Zusammenhänge nicht mehr fassen kann. Gleichzeitig zu der gestiegenen Mobilität der Gesellschaft insgesamt findet in bestimmten Lebenswelten ein extremer Rückzug auf lokale Strukturen statt. So weist Dieter Oelschlägel darauf hin, daß sich in „Armenquartieren" der Aktionsradius von Bewohnern zum Teil auf 200 Meter beschränkt[333]. Unabhängig von der Frage nach dem „Warum" dieses Rückzuges sollte Sozialarbeit eine Vermittlung der Bedürfnisse der Bewohner nach außen leisten, da sie in einer „zweiten Realität" leben[334], zu der Personen der „ersten Realität" nur schwer einen Zugang finden. Trotzdem stellen Verhaltensweisen wie der extreme Rückzug der Bewohner auch einen Teil der gesamtgesellschaftlichen Normalität dar und müssen genauso wie die Problematiken in „Sozialen Brennpunkten" von Administration und Öffentlichkeit beachtet werden. Sozialarbeit sollte sich ihrer Anwaltfunktion bewußt sein, wenn es darum geht, Öffentlichkeit für soziale Belange herzustellen und auf handfeste Probleme wie die zunehmende Armut aufmerksam zu machen[335].

Die Problematik der Arbeitslosigkeit und der damit verbundenen Veränderungen der individuellen Lebenswelten kann von Sozialarbeit allein nicht gelöst werden. Die derzeitige Massenarbeitslosigkeit hat strukturelle Ursachen, und für Erhaltung oder Veränderung dieser Struktur ist primär Ökonomie und Politik verantwortlich. Aber Sozialarbeit sollte sich als Profession der weitreichenden Auswirkungen der Massenarbeitslosigkeit gesellschaftlicher und individueller Art bewußt sein und bereit sein, sowohl theoretisch als auch praktisch handelnd auf diese einzugehen. So ist die derzeitige Diskussion um eine „Neue Ehrenamtlichkeit" innerhalb der Profession kritisch dahingehend zu betrachten, daß mit der Neuregelung der rechtlichen Situation von Arbeitslosen durch das AFRG ein ehrenamtliches Engagement von Arbeitslosen, welches Teilfunktionen der verlorenen Erwerbsarbeit ersetzen könnte, verhindert wird. Arbeitslose haben prinzipiell Zeit, müssen aber jederzeit, mit der Androhung entsprechender

---

[333] „Auffällig ist, daß der tägliche Aktionsradius der Befragten [...] nicht mehr als 200 Meter beträgt und wenig Begegnung mit der Welt außerhalb dieses Umkreises stattfindet. Die nächste Nachbarschaft spielt eine wichtige Rolle für die Bewältigung des tagtäglichen Lebens. Soziales Verhalten, Kommunikation untereinander, sich wohlfühlen ist auf den allernächsten Umkreis beschränkt" (Oelschlägel 1991, S. 40).

[334] vgl. Kapitel 4.5 „Zeitliche Segregation und Entstehung zweier Realitäten"

[335] Helmut-Gerhard Müller meint, daß gerade die Berichterstattung über Arbeitslosigkeit sich auf das Nennen der ansteigenden Arbeitslosenzahlen beschränkt und die konkrete Problematik der Arbeitslosen zu wenig beachtet wird. In der Badischen Zeitung hat es sporadisch Berichte über Einzelschicksale gegeben, aber auch dort wurde kein expliziter Zusammenhang zwischen Arbeitslosigkeit, Armut und den komplexen strukturellen Ursachen hergestellt (vgl. BZ vom 4. 10. 1997 „Ein Leben lang malocht - und dann plötzlich das"). Müller plädiert für eine offensive Öffentlichkeitsarbeit im Medienzeitalter, denn „wer sich nicht bemerkbar macht, wird übersehen" (Müller 1996, S. 18).

Sanktionierung, den Nachweis aktiver Beschäftigungssuche und der Verfügbarkeit für den Arbeitsmarkt erbringen können, so daß der eigenverantwortliche Umgang mit Arbeitslosigkeit und die Gestaltung eines Lebens ohne Lohnarbeit be- oder verhindert wird. Wolf Klehm und Peter Ziebach meinen, daß die derzeitige Forcierung des Ehrenamtes den Verdacht nahelegt, daß ein zweiter, unbezahlter Arbeitsmarkt angelegt werden soll, der den Abbau staatlicher Sozialleistungen und Projektförderungen auf Kosten der Ehrenamtlichen kompensieren soll[336]. Arbeitslose sind bei ehrenamtlichen Tätigkeiten und Selbsthilfeprojekten durchweg unterrepräsentiert, sie sind nicht nur vom Erwerbsarbeitsmarkt ausgeschlossen, sondern bleiben auch bei sonstigen zeitverwendenden und eventuell sinnstiftenden Tätigkeiten jenseits der Erwerbsarbeit außen vor[337].

Erwerbsarbeit verliert teilweise die bisherige biographische Schlüsselfunktion. Eine an den Lebenswelten orientierte Sozialarbeit ist damit konfrontiert und sollte sich überlegen, wie diese ersetzt werden kann. Sozialarbeit könnte durch Projekte Ansätze von regionalisierter Sozialer Arbeit mit Netzwerkfunktion schaffen, die das Problem der Massenarbeitslosigkeit einbeziehen. Solche Projekte müssen sozial kleinräumig, gruppen- und individuumsbezogen sein und gleichzeitig die Möglichkeit bieten, mit anderen Gruppen und politischen Vertretungsinstitutionen Verbindung aufnehmen zu können, um eine flexible Bedürfnis- und Informationsweitergabe zu gewährleisten. Wie schon mehrfach im Kapitel 8. angesprochen, kommt der Lernfähigkeit von Institutionen dabei eine wichtige Rolle zu. Institutionen müssen Lernprozesse zulassen und umsetzen können, da eine gelingende Gestaltung ihrer Arbeit von der Beweglichkeit und Lernfähigkeit, ihrem „in die Zukunft hin offen sein", abhängt[338]. Wenn von der These der „Sozialarbeit in der Risikogesellschaft"[339] ausgegangen wird, wird Sozialarbeit auf eine Flexibilisierung von Lebensansätzen zumindestens in Teilen ihrer Arbeit mit einer Flexibilisierung ihrer Institutionen reagieren müssen. Bei der Schaffung von Alternativen sollte in deren Zielsetzungen berücksichtigt werden, daß nicht gerade durch diese Ansätze eine weitere Ausgrenzung manifestiert wird. Wenn Armut allgemein und insbesondere die durch Arbeitslosigkeit verursachte zunimmt, sollte dies bei regionalisierten Ansätzen mit beachtet werden, denn eine emanzipative Lebensgestaltung bedarf auch gewisser materieller Voraussetzungen. Sozialarbeit müßte sich dafür einsetzen, „Schattenwirtschaft" als eine Antwort auf veränderte Lebensumstände mehr als bisher zu legalisieren. Es könnten Projekte initiiert werden, die „Zeitarbeit" auf einem niedrigen Niveau vermittelt, also „Rumjobben" institutionalisiert und Möglichkeiten schafft, dieses in einer Form der

---

[336] Klehm/Ziebach 1997, S. 3 in: Diskussionsvorlage „Konzepte zugehender Bildungsarbeit..."

[337] vgl. Mutz / Kühnlein / Burda-Viering / Holzer 1997, S.101

[338] vgl. Mutz / Kühnlein / Burda-Viering / Holzer 1997, S.100

[339] vgl. Rauschenbach 1994, S.89ff

Sozialversicherung auch abzusichern[340]. Sozialarbeit könnte nach weiteren Möglichkeiten von Subsistenzwirtschaft suchen, wie dies in einigen Projekten schon geschieht[341]. Die Initiierung regional und lokal verorteter Projekte bietet eine Möglichkeit, nicht nur reaktiv, sondern auch emanzipativ für Betroffene zu arbeiten. Dies ist bei der zunehmenden Infragestellung bisher sinnstiftender Institutionen für eine Glaubwürdigkeit der Profession entscheidend wichtig.

Sozialarbeit müßte auf breiter Basis ein garantiertes Grundeinkommen diskutieren, um „Lebensarbeit", „Eigenarbeit" und Ansätze ganzheitlicherer Arbeit zu ermöglichen. Dazu gehört der Versuch, den Menschen als selbständiges, tätiges Wesen zu sehen und den Arbeitsbegriff dahingehend zu erweitern, daß Arbeit nicht nur Lohnarbeit bedeutet. Im Menschen ein tätiges Wesen zu sehen, bedeutet auch anzuerkennen, daß der Mensch unter ungünstigen Handlungsbedingungen und aufgrund der Übermacht von Strukturen und Systemen, die er als einzelner nicht beherrschen kann, manches erleiden muß. Lebensarbeit bedeutet daher die Auseinandersetzung mit Strukturen und Systemen und beinhaltet die Fähigkeit der Selbstregulation, der Anpassung an fremde Milieus und die Aneignung von Fremdem[342]. Im Sinne einer emanzipativen Gestaltung von Sozialarbeit darf eine Unterstützung von Lebensarbeit nicht als „Anleitung zu besserem Leben durch den Sozialprofi" geschehen. Eine Rundumversorgung von Arbeitslosen verhindert die Entwicklung einer Eigenständigkeit, wie sie durch disziplinierende Maßnahmen in der Arbeitswelt vielfach behindert worden ist. Vielmehr müssen eigene Erfahrungen ermöglicht und ein Lernen, „anders zu leben", alltagspraktisch unterstützt werden. Dazu gehört, daß in der Arbeitslosenarbeit der Umgang mit Unsicherheiten und deren Bewältigung als biographische Schlüsselqualifikation gesehen und in der Arbeit berücksichtigt werden muß. Dies kann durch Formen der Erwachsenenbildung und Gruppenarbeit, wie dies im ZWAR - Projekt passiert, geschehen. Solche Ansätze wiederum setzen eine materielle Grundabsicherung voraus, denn ängstliche, in ihrer Existenz bedrohte Menschen sind selten kreativ und fähig, Eigenverantwortung zu übernehmen. Sozialarbeit sollte die Forderung nach einer Verkürzung und Umverteilung von Arbeitszeit und Lebensarbeitszeit unterstützen und Modelle entwickeln, wie dies praktisch umgesetzt werden kann, etwa in Form von Zeitguthaben analog den Einzahlungen in eine Rentenkasse

---

[340] Projekte dieser Art existieren bereits: Verwiesen sei auf das soziale Beschäftigungsprojekt „Kurz Um" in Bielefeld und die „Jobbörse" in Berlin-Kreuzberg.

[341] In Trier-Nord ist unter Anleitung gemeinwesenorientierter Sozialarbeit eine Genossenschaft entstanden, die versucht, solche Subsistenzwirtschaft z. B. im Schrotthandel zu unterstützen (vgl. Elsen 1996, S. 5ff). Welche Erfolge diese Bemühungen haben, bleibt abzuwarten. In Hamburg fördert eine Stiftung den selbständigen Ausbau von benötigtem Wohnraum und einer Kneipe in einem beschäftigungsintensiven Stadterneuerungsbereich. Dies Projekt hat als Ziel eine Beschäftigung und Verhinderung von Obdachlosigkeit (vgl. Schmalriede/Zeisberg 1996, S. 6ff).

[342] vgl. Gil 1997, S. 6

oder der Möglichkeit, ohne größere berufliche Nachteile, „Auszeiten" nehmen zu können.

In der zunehmend individualisierten Gesellschaft, in der nicht mehr eine Schaffung und ein Eingebundensein in Familienstrukturen als Lebensziel gedacht werden darf, müssen neue Gruppen und Solidaritäten initiiert werden. Soziale Arbeit könnte darin bestehen, Möglichkeiten bereitzustellen, in denen Menschen beschließen können, für eine gewisse Zeit wichtige Etappen ihres Lebens miteinander zu durchleben. Es muß eine Interventionsform entstehen, die Menschen darin unterstützt „ihr Leben sinnvoll zu entwerfen"[343]. Es muß eine nach vorne offene Situation geschaffen werden, in der Lebensziele selber definiert werden können, da sich gesellschaftliche Entwicklungen in zeitlich immer kleineren Abständen vollziehen und diese immer weniger vorhersehbar werden. Soziale Arbeit und die ihr anvertrauten Menschen müssen sich dem Wegbrechen traditioneller Zeit- und damit Sinnstrukturen stellen. Wenn die über Erwerbsarbeit definierten Zugehörigkeiten weggefallen sind oder überhaupt nicht entstehen konnten, so müssen andere Zusammenhänge geschaffen werden, um die subjektive Sinnfrage beantworten zu können. Das bedeutet, daß das Subjekt fortwährend und bis ins hohe Alter bereit und befähigt sein muß, auszuhandeln, was es will und wie es dieses im sozialen, politischen und kulturellen Umfeld umsetzen kann. Eine solches umfassendes soziales Lernen wird aber in den traditionellen Bildungsinstitutionen weder gelehrt noch gelernt, da diese in ihrer zeitlichen und inhaltlichen Orientierung auf ein Erwerbsleben ausgerichtet sind. „Wer mit dieser neuen Form von sozialer Arbeit konfrontiert wird, der wird sich darauf einstellen müssen, daß er einen lebenslangen Such- und Lernprozeß von sich aus gestalten muß, um sein eigenes Leben in die Hand zu nehmen"[344]. Dies gilt, wie bereits angesprochen, für das Subjekt ebenso wie für die Institution der Sozialen Arbeit. Netzwerkarbeit, verbunden mit individuellen ressourcenorientierten Ansätzen, die sich nicht in einer Betreuung und Versorgung erschöpft, sondern sich mit Sinn-, Handlungs- und Lernfeldern beschäftigt, wird ein Teil Sozialer Arbeit werden müssen. Dies ist vor allem da wichtig, wo es um die Vermittlung von gesellschaftlichen Chancen und Entfaltungsmöglichkeiten geht, deren bisherige Grenzen durch Einkommens- und Schichtgrenzen bestimmt waren.

Dabei sollte dem Faktor „Zeit" ein entscheidender Platz eingeräumt werden. Denn mit dem Auf- und Zerbrechen des zeitlich strukturierenden Faktors Erwerbsarbeit muß Lebenszeit eigenständig mit subjektiver und gesellschaftlicher Qualität und damit mit Sinn gefüllt werden. Es muß ein Umgang mit Lebenszeit erlernt werden, der jenseits eines apathischen und auf Dauer unbefriedigenden Konsums von „Frei"-zeitangeboten liegt und der auch nicht in dem vergeblichen

---

[343] Klehm 1997, S. 7 (ZWAR - Jahrbuch)

[344] Klehm 1997, S. 8 (ZWAR - Jahrbuch)

Versuch endet, sich individuell einen „neuen" Arbeitstag zu schaffen, der mit ebenso „wichtigen" Tätigkeiten gefüllt wird, wie es in der Erwerbsarbeit erlebt wurde[345]. Dabei kann einer Fortbildung um ihrer selbst willen, daß heißt, nicht mit dem konkreten Ziel einer besseren Qualifizierung für den Arbeitsmarkt, eine wichtige Rolle zukommen. Qualifikationsfreies Lernen bietet die Chance, der Bildung ihren oft fremdbestimmten Charakter zu nehmen und sich stärker an Selbstbildungsprozessen zu orientieren[346]. Möglichkeiten, kultur- oder sozial-schaffend tätig zu sein, dienen neben einem zeitverwendenden Aspekt auch dem Kennenlernen vielleicht bisher ungekannter eigener Kreativität. „Muße" als nicht-produzierende Aktivität sollte nicht mehr als ein Privileg der „Oberschicht" gese-hen, sondern als gesellschaftliche Notwendigkeit anerkannt werden.

Für eine an den Bedürfnissen von Menschen orientierte Sozialarbeit lassen sich thesenhafte Forderungen aufstellen. Sozialarbeit sollte

- nach Gemeinsamkeiten hinter individuellen Schicksalen suchen,

- überindividuelle, strukturelle Ursachen von Problemlagen aufzeigen und als solche vermitteln,

- als Profession lernen, andere Lebensmuster und Biographien ohne durch-gängige Lohnarbeit zu akzeptieren und mit diesen adäquat umzugehen.

- instutionell lernen, offen für gesellschaftliche Prozesse zu sein und Struk-turen zu schaffen, die ein flexibles Reagieren zulassen.

Sozialarbeit sollte Prozesse anleiten und unterstützen, die einem Individuali-sierungsprozeß entgegenwirken, wie z. B. der Initiierung von Tauschringen oder Möglichkeiten sozialer Eigenarbeit. Sie sollte versuchen, öffentlichen Raum herzustellen oder zurückzugewinnen[347]. Sie sollte Menschen dahingehend politisieren, daß sie Ursachen gesellschaftlicher Entwicklungen begreifen können und lernen, diese als veränderungswürdig anzusehen. Sie sollte Prozesse unter-stützen, die eine Solidarisierung von Menschen und gesellschaftlichen Gruppen dahingehend ermöglichen, daß Arbeitslosigkeit nicht als individuelles Problem aufgefaßt wird, sondern eine gesamtgesellschaftliche Problematik ist und als solche angegangen werden muß.

---

[345] vgl. Klehm/Ziebach 1997, S. 4 in: Diskussionsvorlage „Persönliche Wachstumsprozesse..."

[346] Klehm /Ziebach 1997 S.3 in Diskussionsvorlage „Persönliche Wachstumsprozesse..."

[347] Das HEI wird von einer Nutzerin als die städtische Variante des Dorfbrunnens beschrieben. In einer solchen nicht zielgruppenspezifischen Einrichtung wird die gesellschaftliche Segmen-tierung und Isolierung aufgehoben, öffentlicher Raum hergestellt, da der Zugang nicht über den kapitalistischen Verwertungsmechanismus geregelt wird (vgl. Mutz / Kühnlein / Burda-Viering / Holzer 1997, S. 96).

Massenarbeitslosigkeit ist kein individuelles, sondern ein strukturelles Problem und bedarf daher auch einer ganzheitlichen Herangehensweise. Gerade sozialpolitisch attraktive Problemlösungen sind nur von solchen Strategien zu erwarten, die sich nicht nur auf die Lösung bestimmter sozialpolitischer Einzelprobleme wie das von individueller Armut beschränken. Das Bereitstellen von Eigenarbeitsmöglichkeiten und eine entsprechende materielle Absicherung ist sicherlich sinnvoller, als Menschen lediglich in eine Sozialhilfebedürftigkeit zu verweisen. Arbeitslosigkeit bedeutet nicht nur materielle Einkommensverluste, sondern auch Verlust von sozialen Kontakten, Zeitstrukturierung und gesellschaftlicher Teilhabe. Sozialarbeit sollte sich mit den veränderten ökonomischen Bedingungen und ihren sozialen Auswirkungen in Theorie und Praxis auseinandersetzen. Lokale und regionale Gegebenheiten und Möglichkeiten sollten stärker als bisher beachtet werden. Sozialarbeit ist stark von diesen Bedingungen abhängig, auch wenn z. B. die gesetzlichen Grundlagen für die Arbeit durchgängig sind. Geld für eine zusätzliche soziale Infrastruktur neben den gesetzlichen Aufgaben bereitstellen zu können, hängt stark von der Finanzkraft einer Gemeinde und von politischen Gegebenheiten ab.

Zu glauben, Sozialarbeit könnte hier durch Schaffung von Projekten und durch einen intensiven Diskurs „Lösungen" der anstehenden Probleme hervorbringen oder eine breite Systemveränderung bewirken, ist sicherlich illusorisch. Dazu ist das Thema Arbeitslosigkeit zu komplex und von zu vielen Faktoren abhängig, spielt Lohnarbeit eine zu zentrale Rolle in der bundesrepublikanischen Gesellschaft. Einen Umgang mit der Problematik auf Sozialarbeit als Profession, oder - wie es aktuell geschieht - individuell auf den einzelnen Arbeitslosen abzuwälzen, kann nicht der Weg sein. Arbeitslosigkeit und vor allem Langzeitarbeitslosigkeit steigen weiter an und verfestigen sich, mit allen damit verbundenen materiellen, stigmatisierenden und ausgrenzenden Folgen. Arbeitslosenarbeit ist damit ein genuines Arbeitsfeld von Sozialarbeit, gerade auch wegen der Vielschichtigkeit der mit Arbeitslosigkeit verbundenen Problematik.

Ein Teil des Diskurses über Arbeitslosigkeit muß umfassen, wie ein Leben ohne Erwerbsarbeit aussehen kann, denn dies ist dauerhafte Realität für einen Teil der von Arbeitslosigkeit betroffenen Menschen. Mit einem Leben ohne Erwerbsarbeit umzugehen, heißt verschiedene damit verbundene Ebenen wie die der Sinnhaftigkeit, der Zeitgestaltung, der materiellen Absicherung und der gesellschaftlichen Teilhabe zu berücksichtigen, um dem in dem „Code of Ethics" definierten Anspruch gerecht werden zu können. Für eine Profession, die für sich eine anwaltliche Funktion für Menschen am unteren Rand der Gesellschaft in Anspruch nimmt, ist eine breite offene Auseinandersetzung über die Bedeutung von Arbeit und über ein Leben ohne Erwerbsarbeit überfällig.

Beschämte Mittelständler !

Sie haben für Bosnien, Ruanda und Tschetschenien spendiert,
jetzt gibt es in ihrer Nähe noch eine gute Sache zu verteidigen.

Haben Sie eine gute Stellung?

Verfügen Sie über ein gutes Einkommen, von dem ein erheblicher Teil
Monat für Monat an den Staat abgeliefert werden muß?

Ist Ihnen bewußt, daß dieser Teil oft höher ist als das Einkommen eines
Sozialhilfeempfängers?

Ärgern Sie sich über die Steuerlast, die auf Ihnen liegt
und regelmäßig steigt?

Wir haben eine Lösung für Ihr Problem!
Adoptieren Sie einen glücklichen Arbeitslosen!

Sie werden nicht enttäuscht sein!
Das Geld haben Sie, die Zeit haben wir.

Stellen Sie uns pro forma als Gärtner, Putzfrau, Festplattenaufräumer,
Schuhputzer oder sonstwas ein und setzen Sie unser Gehalt von den Steuern ab.
Die somit eingesparten Steuern erhält der glückliche Arbeitslose, um unklare
Ressourcen entdecken zu können

✂ --

Adoptionsvertrag
zwischen dem Adoptierenden   ....

und dem Adoptierten   ....

Die Vertragspartner verpflichten sich, gemeinsam unter Einsatz ihrer Intelligenz
das Steuerrecht zu ihren Gunsten auszuschöpfen.

....
Unterschrift   Unterschrift

10. Literaturverzeichnis

ALTWEGG, Jürgen: Warum werden wir für die Wirtschaft überflüssig, Madame Forrester?, in: FAZ Magazin 911/1997, S. 44/45

ARENDT, Hannah: Macht und Gewalt, München 1970

ASTA DER FU BERLIN: Gotham City und die Zukunft des öffentlichen Raumes, Berlin 1997

BACH, Heinz Willi: Arbeitslosigkeit als gesellschaftliches Problem, in: Caritas 97, 1996 H. 1, S.4-12

BASISBÜCHER No6 Büchergilde Gutenberg: Arbeitszeit ist Lebenszeit, Frankfurt am Main 1984

BÄTTIG, Michael: Forderungen nach Existenzgeld, in: ak 404, 3. Juli 1997

BAIER, Norbert: Tauschringe, Freiburg 1997 (Infoblatt, direkt beim Autor zu beziehen)

BECK, Ulrich: Risikogesellschaft - Auf dem Weg in eine andere Moderne, Frankfurt am Main 1986

BOOKCHIN, Murray: Die Neugestaltung der Gesellschaft, Graffenau-Döffingen 1992

BORCHARDT; Wolfgang / WIRTZ, Joachim: Tauschringe - Geldloser Ressourcentausch für Vereine, Betriebe und Projekte, Berlin 1996

BÜCHELE, Harwig / WOHLGENANNT, Liselotte: Grundeinkommen ohne Arbeit. Auf dem Weg zu einer kommunikativen Gesellschaft, Wien 1985

BUNDESMINISTERIUM FÜR ARBEIT UND SOZIALORDNUNG: Statistisches Taschenbuch 1997, Arbeits- und Sozialstatistik, Bonn 1997

BUNDESMINISTERIUM FÜR ARBEIT UND SOZIALORDNUNG: Reform der Arbeitsförderung, Bonn 1997

BURCHARDT, Hans-Jürgen: Globalisierung - Ein Gespenst geht um, in: Transparent 8/1997 S.23-35

CARITAS INFORMATIONSDIENST, Fachbereich Asyl: Caritas gegen Arbeitsverbot für neue Asylbewerber, Freiburg 1997

DAVIS, Mike: City of Quartz; Berlin/Göttingen 1994

DEUTSCHER BUNDESTAG: Drucksache 13/11348: Antwort der Bundesregierung auf die kleine Anfrage der Abgeordneten Ulla Jelpke und der Gruppe der PDS - Drucksache 13/11312 - Ausländerfeindliche und rechtsextremistische Ausschreitungen in der Bundesrepublik Deutschland im Monat Juni 1998

DIAKONIEVEREIN BEIM DIAKONISCHEN WERK FREIBURG:
Arbeitslosentreff Entwicklung Profil Ansichten 10 Jahre, Freiburg 1996

ERATH, Dr. Peter: Armut in Deutschland als Herausforderung an die
Sozialarbeit,
in: Archiv für Wissenschaft und Praxis der Sozialarbeit 1/1996, S. 57-67

EHRLICH, Volker: Arbeitslosigkeit und zweiter Arbeitsmarkt; theoretische
Grundlagen, Probleme, Erfahrungen, Frankfurt am Main 1997

ENTWICKLUNGSPROGRAMM DER UN, New York 1997

ENTWICKLUNGSPROGRAMM DER VEREINTEN NATIONEN UNDP:
Bericht über die menschliche Entwicklung 1998, Genf 1998

ELSEN, Susanne: Wirtschaft von unten - Zum Verständnis
gemeinwesenorientierter Ökonomien - Am Beispiel der Genossenschaft am
Beutelweg im Stadtteil Trier-Nord,
in: Sozial Extra 11/96. S. 5-8

FABRIK RUNDBRIEF: Stichwort „Globalisierung" - nichts Neues?,
in: Fabrik Rundbrief 22 / Juli 1997, S. 18/19

FABRIK RUNDBRIEF: Arbeitslosigkeit hat Zukunft,
in: Fabrik Rundbrief 22 / Juli 1997, S. 12-17

FACHLEXIKON DER SOZIALEN ARBEIT, Frankfurt am Main 1993

FISCHER VERLAG: Fischer Weltgeschichte - Das Bürgerliche Zeitalter,
Frankfurt am Main 1974

FORRESTER, Viviane: Der Terror der Ökonomie, Wien 1997

FALZ (Frankfurter Arbeitslosenzentrum): Arbeitsdienst - wieder salonfähig?,
Frankfurt am Main 1998

FRIEDRICH, Horst / WIEDEMEYER, Michael: Arbeitslosigkeit - ein
Dauerproblem im vereinten Deutschland? Opladen 1994

GALBRIGHT, John Kenneth: The good society, London 1996

GALEANO, Eduardo: Die offenen Adern Lateinamerikas, Wuppertal 1991

GALPER, J. H.: Soziale Dienste und politische Systeme, Freiburg 1979

GASTIGER, Sigmund: Gesetzestexte für Sozialarbeit und Sozialpädagogik,
Freiburg 1997

GERHARD, Anette / HÖRNING,: Die Sehnsucht nach einer anders gelebten
Zeit,
in: Blätter der Wohlfahrtspflege 1 / 1992, S.17-19

GEMEINDERATSVORLAGE: Kommunale Leitstelle für Arbeit,
in: Drucksache G 97196, Freiburg 1997

GESTERKAMP, Thomas: Abschied vom Kaffeekränzchen und Tanznachmittag, in: Sozialmagazin H. 7/8 1991 S. 54-56

GIL, Thomas: Sozialphilosophie der Arbeit, Stuttgart 1997

GILLEN, Gabi: Armut in Deutschland, Bonn 1992

GROSS, Peter: Zeitnot und Zeitüberfluß, in: Blätter der Wohlfahrtspflege 6/1988, S. 154-156

GRUNDEINKOMMEN - BEFRIEDUNG ODER BEFREIUNG?, in: „Alternative" 7/8 1996, Zeitschrift der GE - Alternative Gewerkschafterinnen, S. 107

HAMMER, Eckart: But the times they are changing..., in: Sozialmagazin 3/1995, S. 47-50

HANESCH, Walter: Armutspolitik in der Beschäftigungskrise: Bestandsaufnahme und Alternativen, Wiesbaden 1988

HAUG, Wolfgang Fritz: Die Globalisierung als Vorwand, in: Das Argument 217, Berlin 1997

HAUSER, Richard / HÜBINGER, Werner: Arme unter uns, Freiburg 1993

HELD, Monika: Zwei Arbeitstage, in: Arbeitszeit ist Lebenszeit, Frankfurt am Main 1984

HÖRNING, Karl H. / GERHARD, Anette / MICHAILOW, Matthias: Zeitpioniere Flexible Arbeitszeiten - neuer Lebensstil, Frankfurt am Main 1990

HUSTER, Ernst-Ulrich: Armut in Europa; Opladen 1996

ILLICH, Ivan: Vom Recht auf Gemeinheit, Reinbek bei Hamburg 1982

KARSTEN, Maria-Eleonora : Zeitleere - Zeitüberfüllung; in: Zeit - Zeichen Sozialer Arbeit Otto/Hirschauer/Thiersch (Hrsg.) Neuwied/Berlin 1992

KAISER, Josef: Der Arbeitslosentreff „Goethe 2", in: Der Teufelskreis von Arbeitslosigkeit und gesundheitlichen Einschränkungen, Maier/Müllensiefen (Hrsg.) Freiburg im Breisgau 1991

KEUCH, Ulrich: Ist gelingendes Leben ohne Erwerbsarbeit möglich? Freiburg i. Brsg.1997

KIESELBACH, Thomas: Arbeitslosigkeit und Gesundheit: Voraussetzungen und Möglichkeiten einer Gesundheitsarbeit mit Arbeitslosen, in: Der Teufelskreis von Arbeitslosigkeit und gesundheitlichen Einschränkungen, Maier/Müllensiefen (Hrsg.) Freiburg im Breisgau 1991

KIESELBACH, Thomas / WACKER, Ali: Bewältigung von Arbeitslosigkeit im sozialen Kontext. Programme, Initiativen, Evaluationen, Weinheim 1991

KLEHM, Wolf-R. / NAUMANN, Siglinde / SENDES, Christine / ZIEBACH, Peter: Diskussionsvorlage „Betroffenenbeteiligung in der kommunalen Altenplanung und -arbeit am Beispiel des ZWAR e. V. Dortmund"

KLEHM, Wolf-R. / ZIEBACH, Peter: Diskussionsvorlage „Konzepte zugehender Bildungsarbeit: Das Modell 'Zwischen Arbeit und Ruhestand'"

KLEHM, Wolf-R. / ZIEBACH, Peter: Diskussionsvorlage „Persönliche Wachstumsprozesse in Selbsthilfegruppen anhand der Selbstaussagen Betroffener", Dortmund 1997

KÖSEL, Edmund: Die Modellierung von Lernwelten, Ein Handbuch zur subjektiven Didaktik, Elztal-Dallau 1995

KRAFELD, Franz Josef: Anders leben lernen: Von berufsfixierten zu ganzheitlicheren Lebensorientierungen, Weinheim 1989

KRONAUER, Martin / VOGEL, Berthold / GERLACH, Frank: Im Schatten der Arbeitsgesellschaft; Frankfurt am Main 1993

LANG, Othmar Franz: Meine Spur löscht der Fluß, München 1983

LIEDTKE, Rüdiger: Wem gehört die Republik? Frankfurt am Main 1993

MAIER, Konrad / MÜLLENSIEFEN, Dietmar (Hrsg.): Der Teufelskreis von Arbeitslosigkeit und gesundheitlichen Einschränkungen; Freiburg im Breisgau 1991

MAIER, Konrad: Zur Neudefinition des politischen Auftrags von Sozialarbeit nach dem Ende der Utopie,
in: Neue Praxis 23 Jg., H.3/93, S. 257-262

MAIER, Konrad: Für ein menschenwürdiges und sinnerfülltes Leben auch ohne Erwerbsarbeit,
in : Diakonie 1/2 1996 S. 51-59

MOGGE-GROTJAHN, Hildegard: Arbeit, Technik, Zeit, Stuttgart 1990

MÜLLER, Helmut-Gerhard: Arbeitslose müssen sich zu Wort melden!,
in: Sozial Extra Mai 1996, S. 17-18

NEGT, Oskar: Lebendige Arbeit, Enteignete Zeit; Frankfurt am Main 1987

NEGT, Oskar: Die Krise der Arbeitsgesellschaft: Machtpolitischer Kampfplatz zweier Ökonomien,
in: Aus Politik und Zeitgeschichte B 15/95, 7. April 1995, S. 3-9

NEGT, Oskar: Herrschaft besteht in der Mikroorganisation von Raum und Zeit,
in: Arbeitszeit ist Lebenszeit, Frankfurt am Main 1984

OELSCHLÄGEL, Dieter (Hrsg.): Alles im Griff? Tagungsdokumentation; Duisburg 1991

OFFE, Klaus / HEINZE, Rolf G. :Organisierte Eigenarbeit - Das Modell
Kooperationsring, Frankfurt am Main 1990

OPPL, Hubert / RADKE, Dietmar / STILLER, Bernd (Hrsg.): Soziale
Beschäftigungsformen - Zur Zukunft der Arbeit, München 1991

OTTO, Ulrich: Braucht die Civil Society das Bürgergeld?,
in: Sozialmagazin, 21 Jg. 1996, H. 12 S. 34-40

PALM, Hans-Georg: Schocktherapie für Arbeit,
in: Evangelische Kommentare 5/96, S. 263-266

PESCHEL, Karin: Regional Growth and Regional Policy Within the Framework
of European Integration, Heidelberg 1997

RAUSCHENBACH, Thomas: Inszenierte Solidarität: Soziale Arbeit in der
Risikogesellschaft S. 89-106,
in: Riskante Freiheiten - Individualisierung in modernen Gesellschaften, Hrsg.
Beck, Ulrich/Beck-Gernsheim, Elisabeth, Frankfurt am Main 1994

REDLER, Elisabeth / HORZ, Kurt: Langer Atem für die Eigenarbeit - Bilanz
eines Forschungsprojektes, München 1994

REIN, Harald:Zur rechtlichen Entwicklung von erzwungenen Arbeitseinsätzen im
Sozialhilfe- und Arbeitslosenrecht,
in: Arbeitsdienst - wieder salonfähig? Frankfurter Arbeitslosenzentrum FALZ,
Frankfurt am Main 1998

RIFKIN, Jeremy: Das Ende der Arbeit und ihre Zukunft, Frankfurt am Main 1995

SCHEID, Jens Mittelsten: Mehr Eigenarbeit Bausteine für eine menschliche
Zukunft,
in: Das Baugerüst 1/1995, S. 54-59

SCHMOLLING, Petra: Die Armut in der Bundesrepublik Deutschland im
Kontext gesellschaftlicher und politischer Entwicklungen, Hamburg 1994

SCHNEIDER, Wolf / FASEL, Christoph: Wie man die Welt rettet und sich dabei
amüsiert, Reinbek bei Hamburg 1995

SCHMALRIEDE, Karin / ZEISBERG, Gisela: Zwischen den Stühlen ist der
Beifall selten, in: Sozial Extra 10/96, S.6-8

SCHMIDT, Gunnar: Roter Kalender, Hamburg 1997

SIESTA Heft 27, Herbst 1996

SIMSA, Ruth: Wem gehört die Zeit? Frankfurt am Main 1996

SPIEKERMANN, C. : Keine weiteren Einsparungen,
in: Contraste April 1994, S.12-13

STADT FREIBURG IM BREISGAU -SOZIALDEZERNAT-:Bericht über das 1.
Quartal 1998 der Kommunalen Leitstelle für Arbeit KOLA, Freiburg, April 1998

STADTRAT: Umkämpfte Räume, Hamburg-Berlin-Göttingen, Mai 1998

STAUBER, Barbara / WALTHER, Andreas: Nur Flausen im Kopf? Berufs- und Lebensentscheidungen von Mädchen und Jungen als Frage regionaler Optionen, Bielefeld 1995

STIFTUNG MITARBEIT: Jahrbuch 1996/1997, Bonn 1997

SÜDWIND (Hrsg.): Kleidungsproduktion mit Haken und Ösen, Studie des Forschungsinstituts, Siegburg 1997

TRUBE, Achim: Zur Theorie und Empirie des Zweiten Arbeitsmarktes: Exemplarische Erörterungen und praktische Versuche zur sozioökonomischer Bewertung lokaler Beschäftigungsförderung, Münster 1997

USKE, Hans: Das Fest der Faulenzer, Duisburg 1995

WALLIMANN, Isidor: Soziale Ökonomie, Basel 1997

WEIS, Hubert: Meine Grundrechte, München 1989

WERTH, Beate: Alte und neue Armut in der Bundesrepublik Deutschland, Berlin 1991

WESTERN, Bruce / BECKETT, Katherine: Der Mythos des freien Marktes. Das Strafrecht als Institution des US-amerikanischen Arbeitsmarktes, in: Berliner Journal für Soziologie 2 / 98, Berlin 1998

WOLSKI-PRENGER, Dr. Friedhelm: Ihr habt doch bloß Arbeit, weil wir keine haben,
in: Sozialmagazin 22 Jg. H. 4/1997

WOLSKI-PRENGER, Friedhelm / ROTHARD, Dieter: Soziale Arbeit mit Arbeitslosen, Weinheim Basel 1996

WOLSKI-PRENGER: „Niemanden wird es schlechter gehen..!" Armut, Arbeitslosigkeit und Erwerbslosenbewegungen in Deutschland, Köln 1993

WOLSKI-PRENGER (Hrsg.): Arbeitslosenarbeit - Erfahrungen. Konzepte. Ziele., Opladen 1996

ZWAR - PROJEKTBERICHT BAND 3: „Junge Alte" im Transformationsprozeß, Dortmund 1997

ZWAR - JAHRBUCH 1997, Dortmund 1997

Verwendete Zeitungsartikel

BADISCHE ZEITUNG
„Armee Übung gegen Arbeitslose", 19.3.1997
„Neue Schikane",26.6.1997
„Die Mittel zur Arbeitsförderung werden kaum genutzt", 9.7.1997
„Ende der Armut kostet 80 Milliarden", 15.7.1997
„Wachstum ohne Arbeitsplätze", 18.7.1997
„Weiter Wachstum ohne Beschäftigung" Albrecht Beck, 26.7.1997
„ÖTV: Arbeitszeit für Beschäftigung kürzen", 29.7.1997
„1997 wird wieder ein Rekordjahr", 30.7.1997
„Arbeitslosigkeit kostet 180 Milliarden Mark", 31.7.1997
„Die Reichen werden jedes Jahr reicher" Wolfgang Mulke, 31.7.1997
„Putzen in Würde statt Ausbeutung und Demütigung" Dorothee Menhardt,
7.8.1997
„Standort Deutschland ist besser als sein Ruf", 14.8.1997
„Neue Devise: Los, geh dir einen Job suchen", 16.9.1997
„Weniger Qualifizierte wieder in Arbeit bringen" Interview von Horand Knaup
mit Rainer Brüderle, 18.9.1997
„Dritte Welt verzögert Ozon Schutz", 19.9.1997
„Arbeit für Arbeitslose", 25.9 1997
„IWF für weitere Liberalisierung", 26.9.1997
„Ostdeutsche Frauen sind die Verliererinnen der deutschen Einheit", 4.10.1997
„Ein Leben lang malocht - und dann plötzlich das", 4.10.1997
„Katholiken für Pakt für Arbeit", 4.10.1997
„Schräge Zitzen legen den Roboter lahm", 11.10.1997
„Immer mehr Teilzeitarbeit", 14.10.1997
„Arbeitslose unter Druck", 14.10.1997
„Druck auf Sozialhilfe-Empfänger", 17.10.1997
„Hohe Gewinne durch Ausbeutung", 18.10.1997
„Verheerende Folgen der Globalisierung", 20.10.1997
„Pflichtjobs für Hilfeempfänger", 20.10.1997
„Mehr Wachstum, weniger Arbeit", 29.10.1997
„Aus dem Herzen gesprochen", Leserbrief von Susanne Sacher am 11.11.1997
„2,7 Millionen erhalten Sozialhilfe", 25.11.1997
„Arbeitskosten nehmen ab", 2.12.1997
„Modell USA: Arbeiten hinter Gittern statt Sozialhilfe" Hilmar Höhn 13.8.1998
„Gefährliche Mischung", Wolf Pampel 19.8.1998
„Mehr Menschen brauchen Stütze" Till Neuscheler 20.8.1998
„Die Zahl der Überstunden steigt wieder" 15.9.1998

DIE TAGESZEITUNG
„Fünf Millionen Arbeitslose sind für Rexrodt kein Tabu mehr", 24.11.1997
„Furcht vor Japans Schwäche wächst", 18.11.1997

DIE ZEIT
„Die letzte Lüge" Ulrike Meyer-Timpe / Fritz Vorholz 10.9.1998

FRANKFURTER ALLGEMEINE ZEITUNG
„Die nächste Rezession kommt bestimmt" Horst Siebert, 29.8.1997

FRANKFURTER RUNDSCHAU
„Das Phantom der Globalisierung", 30.1.1997

FREIBURGER STADTKURIER
„kurz und bündig" Klaus Schüle, 5.8.1998

NECKARQUELLE
„Keine Arbeit für neue Asylbewerber", 19.6.1997

SÜDDEUTSCHE ZEITUNG
„Wirtschaftskraft der Zukunft", 4.9.1997

ZEITUNG ZUM SONNTAG
„Warten auf das letzte Taxi", H. J. Krysmanski, 13.9.1998